当代中国评论

（2023 秋季刊）

Contemporary China Review

（2023 Autumn Issue）

（总第十四期）

博登书屋

Bouden House·New York

【当代中国评论】 www.chinareview.org

学术顾问：黎安友
主　　编：荣　伟
副 主 编：罗慰年

Contemporary China Review
Academic Adviser：Andrew J. Nathan
Chief Editor：　David Rong
Deputy Editors：　William Luo
Published by Bouden House, New York

出版：　博登书屋 • 纽约
发行：　谷歌图书（电子版）、谷歌网站（纸质版）
版次：　2023 年 11 月，总第十四期
字数：　149 千字
定价：　$38.00 美元（不含运费、税费）
订阅：　$140.00 美元每年四期季刊（不含运费、税费）
邮箱：　boudenhouse@gmail.com 欢迎反馈和订阅

Publication：　Bouden House · New York
Distribution：　Google Play (digital version), Google (paper version)
Edition：　Autumn 2023, Issue #14
Words：　149,000
Pricing：　$38.00　(shipping & tax not included)
Subscription：　$140.00 for one year four quarterly issues (shipping & tax not included)
Email：　boudenhouse@gmail.com - *feedback and subscription is most welcome.*
ISSN：　2765-9143　（Paperback）
ISSN：　2765-9194　（Digital）

主编引言

荣 伟

一年一度的秋季又来到了。我在 2023 年春季刊主编引言中说，“一年之际在于春。春天代表着万物复苏，大地开始充满勃勃生机。秋天被称为是丰收的季节，收获的季节。放眼全球，2023 年的春天却并不是一片祥和的气象，俄乌战争一年之后，尽管在全世界一片反对声中，战争的始作俑者普京依然没有收手的任何迹象！随着中国国家主席习近平访问俄罗斯，整个世界似乎更加笼罩在战争的乌云之下。中国人俗语说：种瓜得瓜，种豆得豆。春天撒下的什么种子秋天就得到什么样的果子。2023 年这样一个不祥和的春天，未来一定是一个多事之秋！”

确确实实我们正在经历一个多事之秋。10 月 7 日随着哈马斯毫无人性的无差别攻击以色列平民，以哈冲突爆发让这个世界一时间陷入空前的分裂或者撕裂之中。中东问题我一直称为是这个世界的神经，谁挑动这个神经，世界就陷入不太平。我曾经高度评价艾未未导演花费巨资拍摄的纪录片《人流》，当年曾经被提名奥斯卡最佳纪录片奖，可惜最后名落孙山！我个人总结的原因，《人流》触及的问题是这个世界的难民问题。难民问题最大的根源是在多年来战火不熄的中东。中东的问题的核心是以色列和阿拉伯国家的冲突。他的纪录片是否因为触及了中东问题而名落孙山?

如果说当年川普上任让美国乃至世界上在思想意识形态领域左右两大阵营彻底撕裂，而俄罗斯入侵乌克兰在当今世界上形成了宪政民主国家和极少数极权统治国家两大阵营的对立，是当今世界代表文明进步主流和野蛮邪恶势力的对抗！这次以哈冲突，整个世界又一次陷入了分裂和撕裂。这次分裂超越了以往思想意识形态左右之分，突破了世界上民主国家与独裁国家的两大阵营截然分明的立场。中东问题的的确确是这个世界的神经，这里有历史的、宗教的、文化的、人种的、民族的、意识形态的、政治的等等错综复杂的关系结节和矛盾冲突。解决这个矛盾是这个世界走向永久和平的最后一把钥匙！否则，世界是否如同《圣经 • 旧约》所说进入末日的倒计时?

几年前我曾经在 YouTube 主持一个“艺术家”栏目上说：纽约每年举行的同性恋大游行中有一句重要的口号，“Love Trumps Hate”(爱要战胜恨)。看上去很普通的一句话，是我们这个世界越来越需要的警句。爱战胜恨人类才能避免走向冲突走向战争。如何让世界充满爱，这才是世界走向和平反对战争的出路！本期杂志选登了部分在简中圈里讨论以哈冲突的不同观点立场发言，可以从中一窥对中东问题看法的分裂撕裂状态。

本期独立学者邓聿文的三篇文章，很好的定位了习近平的独裁专制所要达到的帝国情结和布局，习近平的思想(如果他有思想的话)到底是怎么来的或者是些什么样组成部分?习近平尽管“定于一尊”，他的地位是否真的那么牢不可破?邓聿文我称之为北美首席时政评论员，他的文章经常发表在纽约时报、金融时报等美国主流媒体，也被美国智库高度关注，虽然你可以不同意他的观点，但是我始终认为他是一位非常理性客观分析研究严谨的学者。最近他在推特上的帖说："习近平在美国访问的晚宴演讲中说，我不到 16 岁就在陕北的一个小村子里同农民住在一起，干在一起，知道人民愁什么，盼什么。从那时起到现在，半个世纪过去了，在人民中间让我觉得踏实，同人民在一起让我有力量。我将无我，不负人民，这就是我终身的信念。都知道政客喜欢说假话，但假话的最高境界，不是说假话让别人相信，而是说假话自己就信了。自己把自己感动了"。这太精准了！我去年说过，张千帆的"这个世界上一些国家有宪法没有宪政"为 2022 年度金句。我称邓聿文的这句话"说假话的最高境界不是说假话让别人相信，而是说假话自己就信了，自己把自己感动了"为 2023 年度金句！

本期杂志依然是内容丰富，理论探讨有国内青年理论家陈纯的文章，他是荣剑之后对汪晖的那套"国家主义"或者为所谓的"中国模式"理论背书的思想体系做了非常精准的批判，他的新著《国家主义的阴影》刚刚在博登书屋出版，谷歌图书和亚马逊全球发行。陈纯是国内近年来难得一见，有思想有学问的坚定自由主义 80 后年轻学者，他的书引领思潮，值得一读！最近在纽约举办了一次关于中共洗脑历史的学术研讨会，这里选登了几篇在会议上几位学者的发言稿。博登书屋自 2020 年夏创办以来，在华语世界名声鹊起，已经出版了各种书刊 180 多种，大部分书刊被美国主要大学图书馆收藏，出版的书刊质量越来越高，尤其国内出版环境基本上已经是万马齐喑的状态，我们纷纷推出了一系列独立学者作家非常有思想有研究深度和独立见解的学术著作和历史小说等，本期选登了一些他们出版的书稿的前言导读和读书评论，以飨读者，先睹为快！

《当代中国评论》国际季刊网站刚刚开通：www.chianreview.org 欢迎大家关注和继续支持！

2023 年 11 月于纽约

目　录

主编引言 I

【学者专辑】

习近平的帝国情节及其布局　邓聿文 1
习近平的思想是怎么炼成的　邓聿文 8
习近平对高层权力的掌控是否真的牢不可破　邓聿文 11

【中国社会与经济】

被党国体制绑架的中国经济正失去百年不遇的现代化机会　文贯中 13
驱散迷雾：中国经济增长、产业革命和民主转型　许成钢　张杰 17

【理论探讨】

“去政治化”的政治理论
——汪晖的左翼立场与“国家主义”　陈纯 24
左派的认知困境导致的道德困境
——关于以色列灭杀哈马斯的思考　弘二 39
影响人们认知的基本方法：洗脑，宣传以及框架构件　虞平 42
中共的洗脑与电影　乔晞华 44
反洗脑
——民运思想界的历史责任　裴毅然 47

【时事分析】

以色列宪法与巴以冲突　张千帆 49
国际时政群对以哈冲突的讨论精选（上）　综合编辑：Greg 63
国际时政群对以哈冲突的讨论精选（中）　综合编辑：Thomas 69
国际时政群对以哈冲突的讨论精选（下）　综合编辑：Greg 74
简中叙事评析（上）：前世今生　甄木丝 78

【出版导读】

让人类充满慈悲大爱、救赎和光明
——《重生之门》导读　光　目 85

《宪政三论》序言　张千帆 90

《现代性的反抗：东南亚的抗争运动 1898—2011》自序　吴　强 92

《强权论——理解人类社会的唯一公敌》前言　王海南 94

历史不应当缄默
——《麦苗青 菜花黄——川西大饥荒纪实》第一版代序　胡小伟 102

【书评】

力荐荣剑先生的“世纪批判三书”　胡　平 105

挥剑长夜笔纵横
——评荣剑《左翼共同体批判》及其它　高氏兄弟 108

【学者专辑】

习近平的帝国情节及其布局

邓聿文

我说习近平的帝国情节，不等于说现在的中国就一定是个帝国。但我认为，习内心深处，显然有这样一个情节。当然，对中国是不是一个帝国，不同人也有不同看法，多年前，李伟东可能最早提出了红色帝国这个概念。“红色帝国”是由“红色”+“帝国”两部分组成。和一般的帝国还有些不同。

那么，什么是帝国？没有一个统一的定义，我也不准备下个定义，但对帝国，人们一般想象的是扩张和侵略，霸占土地。这是人们对过去帝国的理解。现代的帝国不以侵占土地为目的，比如美国。习近平治下的中国如果是一个帝国，我认为也不会有对其他国家的扩张和侵略，他对土地的野心仅仅促限于现在还有争议的领土，比如藏南、钓鱼岛。另外，虽然把中国称作“红色帝国”，但我认为，他也不会以在国际上传播共产主义为使命，他清楚共产主义在国际社会是不受欢迎的。那么，所谓“红色帝国”，我的理解是，帝国的掌舵者，统治帝国的政权所信奉的意识形态是共产主义，但不等于习近平会在国际上推销共产主义。这是人们要搞清楚的一点。

不过，红色帝国既然是帝国，也就具有帝国的一般特征。德国学者明克勒的《帝国统治的逻辑：从古罗马到美国》一书对帝国统治秩序进行了分析，值得注意。在明克勒看来，帝国统治秩序涉及的是合法性问题，帝国从四个方面为自身提供合法性证明，一是以和平为旗号，把帝国看作和平的缔造者、维持者；二是通过宣称承担在普天之下经世济民的使命，塑造帝国的神圣性，把帝国的秩序建立在某种超越性追求之上；三是通过文明与野蛮的区分来构建帝国空间，帝国自称传播文明、代表真理、声张正义；四是对帝国治下的全部子民许诺给他们带来富足与繁荣。

用这四点来对照一下习近平和他领导下的中国，我认为至少从官方的宣传来看，很符合。习是一个有帝国情节和野心的人。他在毛时代接受的革命意识形态教育就内含着这种帝国情节。他和他的红二代伙伴从小接受的是胸怀天下，解放全人类的宏大理想。只是其他人没有这个条件和舞台，而习近平有。所以他上台伊始，就提出了中华民族复兴的中国梦。他的民族复兴梦实际上就要让中国回到汉唐盛世，让中国具有当时汉唐在世界上占有的中心地位。他就多次提到现在的中国，是距离世界舞台中心最接近的时候。最接近也就是还差那么一点点。他为此规划的时间表是在2049年中共建国一百年实现现代化，让中国站在世界的中心。我认为他其实还要把这个时间表提前到2035年。这就是他提出的“新两步走”发展战略。

把中国带入世界舞台的中心，是习近平为自己规划的使命，但这是不是意味着他要中国取美国而代之，成为全球新霸主？也不是。习对世界还是有相当清醒的了解，不要把他看成一个二愣子，只知打打杀杀。尤其是在经历疫情三年后同美国的对抗，他清楚知道中国实力的局限所在。以中国目前的国力，即便2035年中国如期实现了初步现代化，也做不到独霸世界，成为单一霸权，国际社会也不允许。所以我认为他实际的目的，是要中美组成 G2，共治世界。他多次说过，太平洋足够大，可以容纳中美就是这个意思。换言之，在习看来，世界舞台的中心可以有两个主角，而非只是一个。

但中美共治世界，是可以想可以做不能说的。公开讲就需要换个说法，他公开打出的旗号是“人类命运共同体”。这是中国国际秩序观的目标，也是中国外交的使命，其核心内涵是建设持久和平、普遍安全、共同繁荣、开放包容、清洁美丽的世界。“人类命运共同体”可以看作中国儒家“大同”理想的现代翻版。现代人理解的“大同”理想带有一种乌托邦的色彩，感觉实现了“大同”，天下一家，国与国地位平等，大家都有相同的话语权。可实际上，儒家的“大同”世界是有等差秩序的，是按照“中心---边缘”秩序向外扩展的。谁在中心？当然是有着儒家文明的中华帝国，如果其他国家接受了儒家文化，也可以成为中华文明的一个部分，但如果没有接受，就只能成为外化之民，在这个“大同”天下的秩序中，是一个还没有文明开化的边缘者角色，要接受中华帝国的领导地位。换言之，在中国的“天下”观中，也是有主导者的，谁掌握了最高文明，谁就是主导者。当然，现代人认为文明没有高低，不能用文明来划线。但实际上还是有，比如很多人潜意识就认为西方文明比东方文明高，世界要有西方来领导。而在习近平看来，中华文明是世界上最好的文明，由中华文明支撑的中国式现代化理当成为其他国家效法的榜样，人类命运共同体理当成为中国版的“大同世界”。

因此，习近平要为“人类命运共同体”植入中国的所谓优秀传统文化，在世界秩序的构建中嵌入中国文明的元素。今年 6 月，他视察了中国国家版本馆和中国历史研究院并召开了文化传承发展座谈会，提出了两个“新”论断：一是中华文明具有突出的连续性、突出的创新性、突出的统一性、突出的包容性、突出的和平性；二是把马克思主义基本原理同中国具体实际、同中华优秀传统文化相结合。五个突出特性和两个结合，尤其第二个结合，习实际是要打通马克思主义和中国传统文化的阻梗，将两者嫁接起来，把马克思主义变成根植于中国内部的东西，将党的统治建立在中国传统文化的深厚基础上，党是中国优秀传统文化的继承者、守护者和发扬者。中国式现代化很大程度上就是中共在实现现代化的过程中对中国优秀传统文化的创造性改造和转化，体现了中国优秀传统文化的特质和精髓。由中国优秀传统文化构建的中国式现代化也成为习推动人类命运共同体建设的内容。

我认为，习近平在他的第三任期，会把这个作为中国外交的一个重要任务。今年 2 月以来，当局相继抛出全球发展倡议、全球安全倡议和全球文明倡议，其中全球文明倡议就是着眼于在世界秩序的构建中，嵌入中国文明的元素。这是我说的为什么可以把“人类命运共同体”看作儒家大同理想的现代翻版的原因。按照中国官方的说法，“人类命运共同体”在政治上，要互相尊重、平等协商，摒弃冷战思维和强权政治，走对话而不对抗、结伴而不结盟的国与国交往新路。但是，按照我上面对中国古代“大同”秩序的解释来看，习近平说的“人类命运共同体”，准确地讲，是中国主导的“命运共同体”。其实这也不难理解，理念上、政治上可以强调每个国家的政治地位都平等，有事协商着办，可实际很难做到。像中美这样的大国，和太平洋的一个小岛国，在国际事务中都处于平等地位，怎么可能？不是不想地位平等，而是做不到，因为它们承担的责任和义务是不同的。就好像一个家庭要有个主心骨一样，在国际这个大家庭，也要有一个或几个主心骨。一般来说，主心骨就是实力最强的国家或国家集团，这就是我们现在看到的，美国治下的世界秩序。这个世界秩序虽然有很多问题，可总强过很多国家都想称王的那一种世界秩序。

如今的问题在于，习近平认为中国已经块头大了，我的力量差不多可以跟你平起平坐，因此，这个世界只有美国单一的强权肯定不行，中国也要在国际上扮演主角。对中国而言，二战后建立起的这个国际秩序运行了 70 多年，和今天的现实存在很大差距，比如，以联合国为主体的多边主义国际框架在设计过程中主要由西方特别是美国主导，更多反映的是西方和美国的价值和利益诉求，这与今天南方国家的崛起不同；还有相关制度规则的创设基于战后初期的国际政治经济发展状况，已无法有效应对当前各种问题，安全失序和发展失衡的风险越来越大。所以，习近平说，需要对现行国际秩序进行改革和改造。

但在我看来，习近平也不是要对现行国际秩序推到重来，做一个颠覆者。首先没有必要，中国自己公开宣称在现行国际体系下是最大受益者，既然受益最大，就没有理由和动机将这个体系彻底颠覆。其次中国也没有能力重构这个体系，还是承认现行国际秩序基本框架的价值和存在的合理性。习近平要做的是修正该体系对中国不公的地方，给中国更多的权重，乃至成为国际体系的领导者。我今天不从价值观的角度评价习要局部修正国际体系对还是不对。因为从事实来看，当一个国家的实力崛起后，只要条件允许，都会谋求和自身实力相称的地位和权力，习也不例外。西方说中国要做一个修正主义者，如果修正主义指的是颠覆现有秩序，这个判断是不对的，但如果指修正、改造对中国不利的部分，则符合事实。习曾说过，“现行国际秩序并不完美，但不必推倒重来，也不需另起炉灶，而是应在悉心维护的基础上改革完善。”言下之意，让中国也唱主角。

中国实力的快速崛起，膨胀了习近平的野心。这就需要说到两个判断，一是百年未有之大变局，二是东升西降，大家对此都耳熟能详了。习的“人类命运共同体”以及对国际秩序的改造，就是建立在对世界大势的这两个判断基础上的。现在看来，这两个判断尤其东升西降有很大问题，所以中国官方在公开场合不怎么提了，但至少在美中对抗前，习近平听信了智囊们有关中国崛起美国衰落的意见，受到这两个判断的很大蛊惑。既然以中国为代表的东方崛起，以美国为代表的西方开始衰落，那么在外交上就没有必要继续过去的韬光养晦，而要积极进取，改变过去外交给中国老百姓的某种“窝囊”“受气”印象，在言辞和行动上变得强硬起来，但也就被外界贴上“战狼”外交的标签。对美国的战略界来说，中国民族复兴的战略目标和东升西降等话语惊醒了他们，让他们真切认识到美国霸权利益被威胁，必须阻止，这才有后来发生的一系列中美竞争和对抗，因此，追根究底，来自习的这个民族复兴的大战略。

前面说了，习近平的长期战略目标是让中国回到汉唐盛世的世界中心地位，该战略目标的现实表现则落在“人类命运共同体”上。那么，如何来实现这个战略目标？习近平的工具是战略军事和战略经济。用中国一些战略家的话说，前者是指运用军事力量在南海、东海和整个西太平洋和美国进行战略竞争；使用准军事力量和日本、越南、菲律宾进行对抗；以及更加急剧地增加中国的战略军力，进一步扩展海军和空军在西太平洋的战略活动范围。所以外界看到中国大力发展军力，尤其是海空军和火箭军，造船像下饺子一样。后者是指更加迅猛地推动中国在海外、尤其是全球南方的经济存在，这一任务主要由“一带一路”承担。“一带一路”自 2013 年提出后，在西方的不看好下，已经走过 10 年，今年秋要在北京举办第三届“一带一路”高峰论坛。客观评估，它取得了很大成效。习当初提这个倡议时，并没有明确意识到它的地缘政治意义，更多还是从解决中国的过剩产能出发。但该倡议实施的结果，已经起到为中国扩大地缘政治影响力的作用。坦率说，中国目前在全球影响力的扩张，主要还是通过经济和贸易特别是一带一路，而不是政治和意识形态，也不是军力。由此可知，“一带一路”起到了多大效果。当然，它也带来很多问题，突出的就是西方宣传的债务陷阱和中国对非洲实行新殖民主义的指责。

习本人非常重视战略目标和战略思维，要求领导干部想问题、作决策、办事情要胸怀“国之大者”，多打大算盘、算大账，少打小算盘、算小账。有了战略目标和战略工具，还需要有路线图和实施方案，一步一步来。为此，习对内提出了中国式现代化，对外提出了三个倡议。当然，这两者也是互为联系，内外结合，而非内外分离。

“中国式现代化”20 大之前就已提出，20 大正式把它作为中国未来的发展目标和蓝图，也可以把它看成习近平在他第三次连任后为取得合法性而规划的施政总纲，它的完整表述是：“从现在起，中国共产党的中心任务就是团结带领全国各族人民全面建成社会主义现代化强国、实现第二个百年奋斗目标，以中国式现代化全面推进中华民族伟大复兴”。习赋予“中国式现代化”五个具体特征，我就不作解释，总之，其目的之一，是要为全球南方国家提供一个替代西方现代化的目标模式。早在 2021 年的十九届五中全会，习就强调，世界上既不存在定于一尊的现代化模式，也不存在放之四海而皆准的现代化标准。中共的理论家们和官员不隐瞒这点。比如已被免职的前外长秦刚在今年 3 月的蓝厅论坛说，“中国式现代化版权属于中国，机遇属于世界”，它拓展了现代化的内涵，代表了人类的未来，“点燃了各国实现现代化的信心”，为广大发展中国家提供了新的选择。这些理论家也把“中国式现代化”和人类命运共同体联系起来，强调这个提法蕴含构建人类命运共同体的深刻内涵，创造人类文明新形态，用中国式现代化推进构建人类命运共同体，正是中国提供给世界的解决方案，能够引导世界走向和平、大同的正确方向。

三大倡议是中国外交未来的着力点，是习近平在发展、安全和文明繁荣等方面为世界提供的中国方案。其中，最为外界关注的是全球安全倡议。今年 2 月，中国发布了全球安全倡议概念文件，内容包括核心理念与原则、重点合作方向、合作平台和机制几部分。官方的说法是，全球安全倡议提出了和美国及西方完全不同的全球安全观及其发展路径，中国推动相互尊重、公平正义、互信协商、开放包容，美国奉行霸道霸凌、丛林法则、对抗冲突、阵营对抗；中国呼吁结伴，美国鼓吹结盟，按照中国倡导的共同、综合、合作、可持续的安全观，世界和平和安全就可以得到维护和实现。

然而，魔鬼藏在细节中。概念文件提出的 12 个重点合作方向和 5 个方面的合作平台和机制，尽管表示要参与联合国的相关活动和决议，发挥联合国大会和各相关委员会、安理会、相关机构以及其他有关国际和地区组织等平台的作用，但是它的合作方向是排斥美国和西方的，或者在美国和西方不是很用力的地区和领域，比如支持和完善以东盟为中心的地区安全合作机制和架构；落实实现中东安全稳定的五点倡议，推动构建中东安全新架构；支持非洲国家、非洲联盟、次区域组织增强自主维护和平的能力；支持拉美和加勒比国家积极践行《宣布拉美和加勒比为和平区的公告》承诺。在合作平台和机制这块，则强调中国主导或者参与，如发挥上海合作组织、金砖合作、亚信、“中国+中亚五国”、东亚合作相关机制等作用，推动设立海湾地区多边对话平台，发挥阿富汗邻国外长会、非洲之角和平会议等协调合作机制作用，支持中非和平安全论坛、中东安全论坛、北京香山论坛、全球公共安全合作论坛（连云港）以及其他国际性交流对话平台，鼓励创设全球性安全论坛，为各国政府、国际组织、智库、社会组织等发挥各自优势参与全球安全治理提供新平台。

从全球安全倡议概念文件以及官方学者的相关表述来看，中国要建立的全球安全秩序和世界格局包含以下几个要点：（1）维护以联合国体系为基础的多边主义；（2）推动国际关系民主化，构建以合作共赢为核心的新型大国关系；（3）发挥中华优秀文明在全球治理体系的特殊作用；(4)通过“一带一路”构建经济全球化新格局。而中国的角色和地位是成为全球多边主义的主要担保者。这和我前面分析的习近平的目标是要中国成为全球秩序的主角是一致的。

尽管中国在国际社会力推习近平的三个倡议，然而，要实现人类命运共同体这个构想，关键还是要把中国的事情做好，把经济发展好，持续壮大军力，让共产党统治更牢固，一句话，在规定的时间实现中国式现代化的阶段目标，中国才会有更大力量去推动这些倡议。毕竟国际现实不是靠喊口号、谈理想和情怀就能改变的，实力才是根本和取胜之道，有实力人家才听你的，这点今天和过去并没有本质不同。所以接下来我重点分析习近平在内政和外交上的具体布局。

（一）经济

我在 20 大前曾指出，20 大后习会再次把经济作为中心工作，政府要全力拼经济。原因当然是三年疫情以及之前政府一系列的强监管措施和舆论环境让中国的经济受到非常大的伤害，再加上外部经济环境不好，所以再也不能对经济的持续下降放任不管。目前及未来，党的统治的合法性还是高度依赖经济的发展及给民众带来的收入提高和福利改善，但现在大家看到的不是这样，如果经济再怀下去，会出大问题。习在去年就意识到经济的严峻性。

习的经济目标是建立内循环为主的经济双循环发展格局，这是他在 2020 年 5 月两会上提出的，其根本出发点是为应对中国和外部世界特别是西方的完全脱钩这种极端情况，尽管它发生的概率非常低，但万一发生呢？因此不能不提前作出规划和准备。双循环格局有三个要点：国内统一大市场、高水平对外开放、科技和关键产品及供应链的自主独立。习在过去 10 年，就在调整中国的经济和产业结构，包括推行供给侧改革，压制房地产，提升产业的技术含量，发展数字经济，推进民企和国企的混合，建立新国企，扩大对外开放，打压以平台企业为代表的资本力量。这些措施和手段虽然总体效果抑制了经济发展，但是在一些领域和行业，也是必要的。比如阻止了金融领域的安全问题，提高了科技和产业的自主程度。

中国现阶段和未来的经济发展重点，会放在恢复民企的活力和科技的自主，以及关键产业和供应链的安全上，特别是用所谓新举国体制去攻克芯片等领域的卡脖子项目。今年两会中国对政府机构的改革都是出于这个目的，应付这个薄弱点。能不能达到目的现在不好评估，但当局一定是向着这个方向努力。最近华为 5G 手机的发布似乎看到了这个曙光。

（二）政治

习过去 10 年对中国的改造最大的是政治，通过一系列权力和体制的运作和重构，习成功打造了一个领袖、一个政党、一个主义的类法西斯政权。我说的类法西斯政权是指中共目前这套体制和统治方式具有法西斯政权的主要特征，但由于当下的形势不允许对外的领土扩张和征服，加上习确也没有此意，所以是一个类似法西斯的政权。习认为只有建立这样一个强力的政权和稳固的统治，才有强大的执行力，可以实现中国复兴的战略目标，而软弱的政府是无法做到这点的。

习接受胡锦涛时期的中共中央权威严重不足，尤其总书记的弱势地位，党内思想的混乱和西方普世价值对党员、领导干部和中国社会的侵袭，以及腐败猖獗等导致的党毫无战斗力的教训，要想拯救党，必须强化党中央特别是总书记的权力，建立极权体制，做到大权独揽。否则，无论是党的命运还是他个人的命运，都非常堪忧。他经过了三个阶段，先是试探着在现行的权力体系之外，建立新的权力机构，初步稳住统治；继而在这一基础上，进一步订规立矩，制度化强化总书记的权力，将总书记由过去是政治局的班长变成班主任，对政治局每位成员包括常委，可以下指导棋；最后，在思想理论上确立起他本人至高无上的地位。它的表现就是 20 大完全建立了一套服务于习个人的组织体系。

与此同时，习还对包括言论和思想管制在内的社会的控制进一步加强。尤其在疫情三年，利用大数据和专政工具对社会的控制达到了一个无以复加的程度，完全窒息了民间的活力。未来，这套对党和社会的全面控制体系或许有某些调整，但总体上的控制程度还会加强。

（三）领导体制，即中央权力结构

这是属于前面分析的政治的一部分，但需要拿出来单独阐述。因为它太重要。习近平建立起的极权体制和类法西斯政权，是通过自上而下的垂直体系实现的，其中，关键一环在上层的中央权力结构。

习在 20 大完全建立了属于自己的权力班子。之前的 18 大，在中委和政治局这一层级，基本上还是胡锦涛和江泽民时期的旧部人马，国务院系统和军队也是如此，只是在几个关键职位上是他的亲信，但整个的官僚组织体系是他不能掌控的。到了 19 大，这种情况有很大改观，他能够主导人事，在党政军的权力体系里，尤其在权力中枢政治局，他的人开始占多数。然而，元老在人事上还是有相当的话语权，派系共治的某些痕迹还是存在。20 大这种情况完全不存在，习一人说了算，团派彻底出局，他建立了一个完全听命自己的权力班子，政治局的多数成员都是他的亲信。

习在中央权力结构建立起的这种领导体制，本质上可以被称作“战时领导体制”，虽然现在不是战时。其实这也好理解，在习看来，目前的中美对抗，中国受到的美国和西方的压力和围堵，跟一场真正的战争也没有太大差别。所以某些管理方式，动员体系都要调整，按照战时的要求去做。中央的权威和命令在领导层要得到毫无阻碍地执行，这样，战争真正发生后才能有效应对。

军队。解放军在中共体制和国家结构中处于一种独特的状态和作用。党的总书记如果没有掌控军队，就不是一位实权人物，随时可能被赶下台，尽管在多数时候，军队似乎不干政。就此而言，中共也是枪指挥党，是名副其实的党军。

习对解放军进行了大幅度的改革。在习对中共的全面改造中，对解放军的改造看起来效果不错。这支毛缔造的军队，虽然在战争年代创造了它的传奇，但此后由于指挥体系落后、武器装备差以及长期缺乏训练，战斗力迅速衰减。习重构了解放军的领导指挥体制、现代军事力量体系、军事政策制度以及军事学说，以“军委管总、战区主战、军种主建”为主导原则，调整军委总部体制、实行军委多部门制、组建陆军领导机构、健全军兵种领导管理体制、重新调整划设战区、组建战区联合作战指挥机构、健全军委联合作战指挥机构等措施，从而让解放军看上去更像一支标准化、现代化的军队。与此同时，习也利用中国的经济力量和现代工业体系，投入资源加快武器装备的升级换代，一大批尖端武器列装解放军。

习以强军备战为目标的军改让解放军有了脱胎换骨的变化，然而，有一样它是不变的，就是党对军队的绝对领导，重塑解放军的领导指挥体制，目的在于加强军委集中统一领导、全面落实军委主席负责制，真正使军队的最高领导权、指挥权集中于中央军委，确保军队一切行动听从中央军委特别是习的指挥。习对军队的改革，抬升解放军在国家政治中的地位，使他获得了军队的忠诚，有了解放军的保驾护航，习的权力宝座也就稳如泰山。不过，火箭军的腐败案和最近传出的国防部长李尚福被调查，对习近平也敲响了警钟，对军队的反腐一刻也不能停止，必须牢牢控制军委总部和各战区的军头，不能因反腐而出现异心。

外交。前面我已指出习真实的外交战略目标是中国主导的国际秩序。在过去 10 年，他都坚定地增强中国的经济和军事实力，把它们运用在外交上，积极主动地追求中国的复兴和权势。

不过，在这个外交战略目标之下，由于这些年的美中对抗，中国的外部环境急剧和持续恶化，美国在全球构筑了一个多重的围中网，因此，中国的外交目标任务首先是维护中共的统治和制度安全，其次是维护中国的发展利益和国家安全，最后才是推进人类命运共同体建设。虽然前两者在绝大多数时候是混合在一起的，而且中国的国家力量现在让习无须在维护中共统治安全和国家利益间作出抉择，但这个区分仍然是必要的，它表明，在极端情况下，当维护中共的统治和国家利益存在冲突时，习是可以牺牲国家利益来保护中共的统治地位，甚至也有可能不仅以牺牲国家利益，也牺牲中共的利益来维护习的统治地位。大家需要明了这点。

在这三个外交目标任务间，作为外交核心目标的维护中共统治安全，只能处于一种被动状态，即守势，而不能采取主动出击的进攻姿态，因为要采主动进攻，就必须以在全球传播共产主义为使命。但中共早就放弃了这点，习也不会重新捡起，之所以现在还要公开打出马克思主义旗号，这是在内部维系中共统治的要件，而非在国际上传播共产主义。既如此，要使中共统治安全不受到其他国家的损害，在习看来，维护中国的国家安全和发展利益，可以很好起到维护中共统治安全的作用。因为中国的国家安全和发展利益守住了，中共的统治地位自然也就有了坚实保障，而在维护国家安全和发展利益上，是可以采取攻势的，国家的发展利益越扩张，中共的统治就越坚实。一带一路则是扩张中国发展利益的最主要的政策工具。

中国现在把一带一路主要放在全球南方国家，依托全球南方国家并且加强和它们的经贸和外交政治上的联系，来抵制美国和西方的围堵。在全球南方国家中，上合组织和金砖国家是两个支点，东盟是核心，中东、非洲和拉美是三大着力点。尤其要提的是中国的西向战略。从地缘政治的角度看，如果中国通过合作机制的建设以及强化经贸、交通、人文、反恐等的联系和合作，打通从中国西北，经中亚、中东，再到欧洲的陆路通道，将亚欧连成一个板块，或许将能破解美国对中国从海上的战略围堵。这就是一些中国战略学家和国际关系学者提出的西向战略。

在西向战略中，中亚、中东是两个连结点，尤其中亚五国的地理位置很关键。中欧的商品贸易，中东的石油输往中国，都依赖这条贸易通道。另外，五国有三国和中国接壤，又是穆斯林国家，对中国的边疆安全带来很大隐患。所以中国要从战略和安全上搞好和它们的关系。通过和五国的深度经济、政治和安全合作，将五国绑在中国的发展车轮上，从而让中国的势力和影响力深入中亚。这就是中国在今年为什么要解调伊朗和沙特复交，以及在 5 月在西安举办中国中亚高峰会的原因。

可以说，习治下的中国外交，是攻守同时进行，不能仅仅看到它攻击即战狼一面。从攻的一面来说，以中国主导的国际平台为依托，如上合组织、金砖组织、亚投行等，在全球南方国家投放力量；从守的一面说，和俄罗朝鲜伊朗等被美国和西方制裁的国家结成一定程度的盟友关系，共同抵抗美国和西方的围堵。

习近平的这套布局，最后能否实现，世界是否进入中美共治的“国际秩序”，我觉得至少在未来 10 年，可能性不大。

习近平的思想是怎么炼成的

邓聿文

在今年的国庆讲话中，习近平说，“新征程上，我们的前途一片光明，但脚下的路不会是一马平川。团结就是力量，信心赛过黄金。”这句打气的话说明习是明白当下中国的症结所在——内外交困，问题重重，士气低落，党心和民心散了，所以才呼吁团结，要有信心。

今年是中共统治中国 74 年，之前流行一个“73 年大限”说法，尽管中共看似逃出了这个规律，但麻烦没有停止，而是越来越重。而造成这个严重麻烦的，不是别人，正是习自己。如果不是他废除国家主席任期制，强行连任，即便在过去 10 年做了很多不得人心的事情，把个国家折腾得半死，随着他的两届任期的结束，换个新领导人上来，还是有止血机会，甚至有可能再次来个“拨乱反正”。可随着他在台上赖着不走，国家发展的方向和路线得不到纠正，哪怕有局部纠错，就像现在经济上做的那样，情况可能会继续恶化下去。今年来的形势充分证实了这点。

习不是不清楚，甚至也不是不知道他就是问题之源。然而一切都太晚，退回到上台之前的邓小平路线，不仅他这 10 年算白忙一场，很可能在这“退”的过程中会有刀光剑影，因为政治路线上的大退却不是像打个转向灯把车往回开那么简单，伴随政治路线的后撤从来是残酷的权力斗争，习在大退却的过程中不可能稳掌权力和政局，退却本身表明其权威的消退和权力的收缩。所以如今他只能硬着头皮在既定的方向和路线上走——可能会有阶段性的迂回——或许运气好，还有一线突围机会，他赌的就是这个机会。

事实上，习不可能退回到邓的路线。这也是由他的眼界和识见决定的。也许他做事的能力不错，然而，他的知识、视野和思维模式还停留在几十年前做知青的阶段，虽然后来上过大学，做过沿海发达省市的地方官，并在权力中枢纵横捭阖了十几年，还频繁出过国。

一个人在青少年时期所受的教育，阅历和际遇对他成年后认识世界和看问题的角度，有着至关重要的影响。成年时随着社会交往的扩大，以及工作的历练和家庭的组成，对世界的认识和思维方式会有改变，但对多数人来说，基本的世界观和对事物的认识方式是由青少年阶段确立的，这一阶段的可塑性也最强，可一旦确立了某种世界观和思维模式，再有大的改变就很困难，除非之后人生又有了大变故。这是得到心理学支撑的。

不幸的是，习的青少年恰恰很不幸。其父习仲勋在毛时代虽曾官至国务院副总理，但不是核心领导层成员，1962 年因小说《刘志丹》事件比大多数中共元老都过早打到。此时习不过是个不到 10 岁的少年。毛时代的阶级斗争异常残酷，一旦被划为政治异类，连带所及，对子女的后果非常严峻。习本人受到过几次审讯，没有父亲的阴庇，他从原来高高在上的“第一等级”瞬间跌落到底层，和“地富反坏右”为伍，比他“第一等级”大多数同龄人都过早尝到了失去特权的滋味。这是少年习近平接受的人生第一课，它带给习的首要教训就是权力的重要。在这个体制下，没有权力，什么都不是。

1969 年 1 月，习被发配到陕西延安梁家河这个穷山恶水之地。此时他 15 岁，在梁家河，前后呆了 7 年，后来官方把习的这段履历称为“七年知青岁月”。习发迹后，常说梁家河给了他怎样的人生锻炼，让他认识了真正的中国国情。官方也把梁家河塑造成新时代的“韶山冲”，成了中共党员和中国民众的朝圣之所。然而，实际情况并非官方宣传的那样。习在梁家河的七年，可以说是非常落寞和无聊的。为改变命运，他写了十几次入党申请书，拼命向党表忠心，终于在 1974 年被批准入党，不久成为大队党支部书记，后被推荐上清华大学，成为工农兵大学生，迎来了人生的第一次重大逆转。

现在很多知青在回忆自己艰难的知青岁月时，爱说“青春无悔”。时间有时会过滤人的心境，尽量从美好的一面从记忆中提取当年的情景，某种程度上这是可以理解的。可对习来说，他去梁家河，是真正要在广阔农村接受贫下中农再教育的。无论他个人，是否想接受这种“教育”和锻炼，但作为“黑五类”，他不得不接受这种命运安排。我怀疑官方当时是有意要把他永远留在这个穷山沟，从此作为一个真正的农民，娶妻生子，在此终老一生。同来的十几个知青因忍受不了这儿的物质和精神生活的双重贫困，在一年多时间里纷纷用各种方式逃离梁家河，习也动了这个心思，偷偷逃回北京，但不久又被送回。到了第二年，只剩他一人呆在梁家河，他大概明白，这辈子要同黄土为伍了。人生的打击和绝望莫过于此，对当时还是十六、七岁的习近平而言，这是他接受的人生第二课，以一种非常冷酷的、赤裸裸的方式呈现的生存、权力和政治哲学。这里可没有后来无论是他个人回忆还是官方叙述的半点温情脉脉的地方。

世人无法探究习当时是以一种怎样的心情面对这一切，但好在他调整了心态，和现实妥协，没有自暴自弃。他或许明白，其“黑五类”身份是他个人无法改变的，但可以去改变小的生存环境，这也就是后来官方宣传的，他积极向党组织靠拢，一次又一次写入党申请书，向党表明，虽然是“黑五类”子弟，可能够改造好；同时和农民打成一片，成为他们中的一份子，发挥他识字和有一定文化知识的特长（和梁家河村民普遍的文盲相比，习毕竟接受了中小学教育，是个小知识分子），帮农民干点实事，解决他们在生产和生活中遇到的一点实际困难，赢得他们的好感。习的这个生存策略起到了一定作用，党组织被他的入党“诚意”感动，在他写了十多次入党申请书表决心后，终于接纳他入党，并很快安排他做大队党支书。

此乃习在不幸的七年知青生涯中得到的人生“第一捅金”，不过我认为，这并不完全取决他本人的“努力”，还有着当时大的时代因素的暗中“相助”。林彪事件后，毛的权威受到严重打击，人们开始从对毛的愚昧崇拜中有所醒悟，对被毛“钦点”打到的中共高官有更多同情，这使得当时的政治气氛有所宽松，像习这种“黑五类”子弟会得到同情他们处境的上级看官官员的暗中照顾，所以他后来被推荐上清华大学，正式摆脱了知青生活。

然而，官方在习成为党的核心后，改写了他在梁家河的叙述，把这段不幸经历描述成他如何在这种艰苦环境中锻炼成为一个真正的共产党人，他后来的思想，对党和国家未来的思考，以及作为领袖的才干都是从这儿起步的。官方的意思是，梁家河是门大学问，读懂了习在梁家河的七年知青岁月，就读懂了习的思想和治党治国。这确实说得没错，但要反着看。这段岁月对习确实影响非常大，今天习的所谓新时代的思想和治国路线，都可以从梁家河找到影子。换言之，在习看来，中国不过是个放大版的梁家河，他是在用管理梁家河的方式治理国家。

总结起来，习在梁家河的七年，带给他的最重要影响，有以下几条：（1）权力是最重要的，有权便有一切，因此抓权是关键；（2）在形势和处境不利时，要学会忍耐，接受现实，懂得妥协，等待时机；（3）启势的第一步，必须依靠党组织，组织才有力量；（4）农民的贫困是实在的，农村的稳定关乎中共的执政安全，因此，稳定农村，稳定底层是党的长期任务；（5）大队支书在农村一般说一不二，具有绝对权威，治理中国，也需要一个绝对权威。

有人也许会不同意我对习近平知青生活的说法，他们会认为，同为知青，或者同为红二代的知青，即使在当时，对毛体制具有反思能力的也大有人在，何以习就不会从他个人的遭遇中醒悟到这种体制的荒谬？何况他父亲在他那代比很多中共元老都开明，开化，习多少会受他父亲的遗传和影响。其实，这是种误解。习仲勋开明不假，但更多表现在被打到后，而此时习已离开了其父，而且在当时，红卫兵更多受到社会大环境而不是家庭小环境的影响。另外，习不是一个好读书之人，他所读的书，或者能够接触到的书，无非是毛的著作，17 年时期的小说和马克思主义经典作家之类的书而已。他在梁家河的那段日子，也没看到他同哪个有反思能力的人有深度交流。实际上，鉴于他当时的身份和所处环境，应该没有可以深谈的朋友。官方后来对他的吹捧，也少看到这方面信息。因此，从他个人的学识、接触到的信息和表现来看，他缺乏对毛体制的深刻认识。

虽然习后来走向更高的职位，然而，从他今天的治国理念、思路、动员方式以及语言表达来看，年轻时期的这种局限所形成的思维模式和对事物与世界的本质看法，并没有太大改变，他依然是以一个普通大队支书的水平治理国家，和他倡导的国家治理现代化相距遥远。故可断言，他难以意识到这个体制的根本弊端，反认为现在推行的这一套才是最好的，最适合中国国情的，用他的话说，鞋子合不合适，穿着的人才知道。

习近平对高层权力的掌控是否真的牢不可破

邓聿文

中国国防部长李尚福的“失踪”，让外界对习近平二十大后一手组建的权力班子的政治稳定性产生了怀疑。如果说，前十年中共核心团队中并不都是习所信任的人，因而常常免不了有权力斗争的传言流出——尽管未必每次传言都是真，那么，二十大习完全掌控了人事，他把团派的李克强、汪洋和胡春华等赶下台，党的权力核心机构政治局以及其他的关键部门与岗位，都由他信任的人把控，在此情况下，按说他的治理团队应该很稳定。然而，刚过半年，其外交部长和国防部长先后出事，这不得不使人怀疑他的班子内部是否存在会导致某种不稳定的因素。

习是自毛以后权力最大的中共领导人，这点在今天不会有异议，可他是否真做到了对全局的掌控万无一失，由他的亲信组成的权力班子是否真能无条件地服从他，忠于他的领导，或者他是否能无条件地信任现在的权力班子，鉴于中国政治的不透明，并不确定，需审慎评估。

外界可从三个视角来观察这一问题。

视角一，习在二十大连任总书记后，并未将其兼任的多个领导小组职务中的一个或几个让渡给他的亲信接任。同为政治强人，习和毛、邓的领导风格有很大不同，后两者更愿意务虚，抓大事而不纠缠具体的管理事务，毛把国家的管理任务交给刘少奇和周恩来等，邓用毛的话说，举重若轻。但习不同，他是大事小事一块抓，亲自领导亲自指挥，在这点上，更接近周的做事风格。然而，他不让渡领导小组职务的更重要原因，恐怕还是担心大权旁落，这隐含着他对亲信的不信任。

习兼任的领导小组职务有十多个，这些机构有些是在十八大、十九大后新设的，其出发点是通过这种方式，迅速掌控权力，因为党政机构的很多关键职位，还是由江泽民和胡锦涛等中共元老的嫡系把持，他们在开始时未必愿意听从习的指示。但在习成为核心，大权稳固后，他依然不愿放弃其中的一些兼职，并且把这些属于临时性质的机构改为党的常设机构，显示他不愿放弃已有的部分权力。二十大他让李强做总理，李有基本的市场经济理念，鉴于中国经济在疫情三年后的极度虚弱状况，为了恢复市场信心，他如果把中央深改委主任一职让渡李，发出的政治象征信号——表明他可能向他的亲信分出部分权力，进而中国政治在保持现状下还有一些变革的空间——能够对冲李做总理所引起的党内改开派对他人事任命的不满，从而有利提振市场和资本的信心，中国经济或许会有改善，不像现在这般。可他没这样做。原因在于，他担心一旦放弃部分经济决策大权，社会是否会把这种行为解读为他不得不让渡权力以平息党内不满；同时，亲信在拥有经济和社会管理的决策权后，是否会忠实执行他的政策和路线，没有把握。

视角二，习为中国制定了一个雄心勃勃的发展目标，但是他实质上通过否定邓的改革路线而达成目标的路径并不为党政官僚体系的主体所认同，因为这样一条混合了左派思想和民族主义的发展路径导致中西对立，恶化了中国整体的环境发展。另外，无休止的反腐也让官僚不安，损害了他们的利益。

中国的官僚体系是改革开放的最大收益群体。这个群体的主体对改开路线的认同是真诚的，他们把中国崛起完全归功于邓的改革开放，对习通过集权和强化政治忠诚而背离改革开放持反对态度，但是不敢公开表达。习在 20 大建立了一个完全听命于自己的权力班子，不过，这些人主要负责政治决策和政治监督，在庞大的官僚队伍里，虽然位高权重，但在数量上是少数。国家具体的管理责任和行政事务由在西方被称为文官队伍的党政系统的公务员，包括一定级别的领导干部来承担。而在习的政治高压下，一方面他们不能不执行习的政治路线，另一方面内心又排斥它，由此普遍消极怠工。习时代的官僚主义和形式主义比过去更为严重，官员的不作为是一个普遍现象。可以把党政官僚系统的这种懈政和懒政现象视作对习的政治权威和政治路线的软抵制。

由此可见，习即使能够驱使高层，但是他难有效驱动中下官员去达成自己的政治目标，无论有再多的对官员的政治纪律和监督都做不到这点。他们会发展出一套规避的办法。当习无法有效指挥官僚系统，他的思想路线不能被官员诚心接受，他们只是对他虚与委蛇，他实际就无法做到有效掌控全局。

视角三，习在中共二十大虽然建立了由亲信组成的权力班子，但是不能消除党内高层的权力斗争，也不能保证他能完全掌控他们。秦刚、李尚福的事情以及火箭军领导层的一锅端传闻，就是一个最好的证明。秦、李之事看似与权力斗争无关，但不排除有高层博弈的影响因素，对习是一大伤害，表明他识人不明。

习的地位虽然无人能挑战，但党国体制决定派系间的权力斗争从过去的显性变隐形，斗争的方式有改变，党内政敌有可能从习的亲信入手，打击他的形象。秦刚事件就预示着这种斗争方式的转向。

秦刚桃色丑闻的传出，是在他十多天未公开露面后，在这之前，外界还真相信官方说的“健康问题”，然而不日即流传秦和某女主持人有染，而且还生了一个小孩。此时放出这种事情，很可能是了解秦刚私生活的政敌做的，意在逼习处理他。因为情人之类事情在党的高级干部里是一种普遍现象，没有情人才奇怪。习其实也应该知道这点。可若无人举报，就不成为问题，但有人举报，则会变成政治问题，从而受到党纪政纪处分。习对领导干部的生活作风有严格的政治要求，秦刚虽然是被习提拔的外长，也不得不处理。而习或秦的政敌抛出这个丑闻，就看习是否会处理他，若习保他，说明习在政治上对不同官员有两套标准，从而戳破习宣称的在权力使用上的公正性；若习不保他，则可能导致亲信不满。总之，习怎么做都是输。

李尚福和火箭军高层等被查也说明，他挑选的人免不了腐败，因而对他而言是不可靠的。习对亲信的关键信息——无论是个人道德还是经济问题，并不完全掌握。

有关党的高级干部信息历来极少透露给外界，致使对党内是否存在政治斗争及其程度要依靠传闻去判断。但从中共历史可知，习无法消除党内高层政治斗争，斗争不仅在他和他的党内反对者之间隐形存在，而且也会在他的亲信之间展开。作为习一手提拔的干将，秦、李在当下敏感期出事，会加重习对其亲信队伍的疑虑，加强对他们的监控，观察他们是否有不忠的行为，从而有可能会制造习和他的权力班子内部的不和，导致裂痕慢慢出现。这是反习者要达到的目的。

如果未来经济形势继续恶化，社会紧张态势加剧，不排除在习的权力集团内部还会出现人事变动，习和他的亲信，以及亲信之间，互相猜疑会增多，关键时候有弃船想法的亲信也在增多。可以说，习未来地位的稳固取决于亲信是否对他无条件的服从与支持，以及经济是否有好转和社会情绪的稳定。其中两人——总理李强和书记处书记蔡奇的角色又尤其突出。

【中国社会与经济】

被党国体制绑架的中国经济正失去百年不遇的现代化机会

文贯中

一、中国经济增速急剧趋缓的两大根本原因

随着对超级全球化的幻灭，经济全球化的荣景不再。各国对经济全球化，即不分制度和意识形态，加深和加广国际分工带来的风险疑虑重重，纷纷改用价值和社会-经济制度是否类同作为抱团取暖，深化分工，加深依赖的主要考虑。经济全球化出现倒退，正向独裁联盟和民主联盟为标志的阵营化蜕变。低端贸易仍在跨阵营进行，算是超级全球化的残留痕迹，也使这次冷战有别于上次冷战。

但是，以尖端芯片和高级 AI 技术为代表，这些通往未来世界的最重要的钥匙，在对独裁国家的禁运名单上已经赫然位列首位。本来一直被虚情假意掩盖着的，对全球化终极愿景的根本分歧，已经图穷而匕首见。领导着第二大经济体的中共，已经向世界申明，回到共产党宣言的目标，建立党国体制，消灭私有制，是自己不可动摇的初衷和最终目标。面对这样的对手，发达的市场经济国家自然放弃幻想，不会继续一厢情愿地假装糊涂，愚蠢地帮助缔造出一个旨在消灭自身制度的强大帝国。发达国家认识到，党国体制虽然无法造福广大民众，却有可以将百姓的福祉简单地压在生存线上，集中余下的财力、物力，通过产业政策和管控，单边穷尽规模报酬递增的增益，以便夺取世界主导权，实现共产党宣言的宏伟目标。

对中国这种单边做法的担心，发达国家正在对中国减少单边开放自己的市场和科技，同时，中国自己又已经拒绝尽快发育出要素市场，等于拒绝了彻底的市场导向的改革，因为是否存在充分发育的要素市场，是市场经济机制的核心部分和主要特征。上述两大原因的叠加影响，使中国一度令人炫目的高速增长不见了踪影。包括发达国家元首在内的高朋满座，共襄盛举的宏伟景象已成往日的追忆。亚非拉穷兄弟们虽然脸上还挂着笑脸，手中却举着长长的强求援助的清单，随时可从朋友转为敌人。一带一路债台高筑，暴露了中共好大喜功，打肿脸蛋充胖子的传统。由于几乎每个项目都缺乏科学的可行性研究，一带一路是否可以持久，已经令有识之士纷纷担心，一带一路是否会成为十四亿国人的沉重负担，以及参与国的债务陷阱。为‘中国奇迹’作出了最大贡献的农民工原以为献出了青春岁月之后，打工所在的城市会善待自己的晚年，至少会善待自己的后代。不料这些城市不但继续拒绝他们落户，成为正式的市民和实现家庭团聚的美梦，而且，随着外企的陆续撤离，民企面对党国体制的蛮横收编，已经气息奄奄，灰头土脸。这使农民工的就业前景变得十分暗淡。他们这群中国奇迹的创造者原来不过是内定的，被驱赶回乡的低端人口。令人更为气绝的是，他们的后代是否还有步自己的后尘，进城出卖体力的同样‘好运’也在未定之天。所谓改革，开放会使一代比一代的日子过得更加美好的最起码的愿望，看来将成一枕空梦。

官方媒体开始将发达国家的民众描写成正在

饥饿交迫之中苦苦挣扎，是否使中国民众感到一丝幸运，同时又要求民众对未来的惊涛骇浪和艰苦日子作最坏的思想准备，使人愕然。不过，这倒也许是官媒好不容易说出来的几句老实话，说明中国经济前景确实不妙。本来是各大都市抢夺对象的应届毕业生和小白领，由于本国科技缺乏创新活力，国外的源头又被逐渐掐断，产业难以升级换代，后面的国家又在纷纷追赶中国的产业，中国现在面临严峻的就业形势。许多人毕业即失业，只能窝在家中啃老，使这些家庭的实际生活水平每况愈下，难怪越来越多的人放弃内卷，索性躺平，准备作最后一代。还有更加浓黑的阴影笼罩着中国经济，那就是巨大的房市泡沫和沉重的地方债务这两个不定时炸弹。万一引爆，中国乃至世界将被拖下金融危机的深渊。难怪连美国财长耶伦在北京的饭局上也对此忧心忡忡，因为其巨大的波澜连位于大洋对岸的美国都无法置身事外。房市泡沫带来的财富幻觉一旦破灭，中产阶级会逆来顺受，接受生活无着的悲惨命运？还是他们加入农民工的行列，构成对中共当局的巨大挑战？由于中国各种经济指标几乎没有亮点，反而潜伏着各种灰犀牛和黑天鹅，安全，安全，安全这两个字一时已经反映着当局最大的心病。一个一度呈现千年盛世的厉害国，为安全两字如此惶惶不可终日，令人犹如，不过短短几年，已有恍若隔世之感。

二、发展中国家实现现代化的主要标志

印度总理对普金直言不讳地说，21 世纪不是一个发动战争的年代。这句话说得太好。在超级全球化最鼎盛的时期，谁能料到，在欧洲这块文明而发达的大地上，俄乌两国的军队会用先进武器激烈对阵，造成生灵涂炭，财产毁灭，而且，处于劣势的俄国会屡屡用核弹威胁全球的生存。如果说，俄国从来没有专心于经济发展，却醉心于领土的扩张的话，那么，至少在过去几十年中，中国一直专注于经济改革和经济发展的，并一再论证，中国的崛起必定为和平的。为何中国和发达国家也走上了反目为仇的道路？这就要说到发展经济的最终目的。显然，要有持久的世界和平和繁荣，发展经济的目的决不是为了将来有一天能够穷兵黩武，扩军备战，或为了证明某种主义为宇宙真理，或某个政党的一贯光荣，伟大，或让自己的领袖可以不顾本国民众的幸福，去充当世界的英明领袖。发展经济的目的，在于让本国全体人民的生活不断改善，使他们的下一代过上更加人道，文明，公正，公平，和富裕的生活，享受更多的自由和民主权利，并能和世界各国人民更加和睦地，自由、自在地交流和来往，分享人类的一切文明和科技成果。

发展中国家必须牢记，它们的起点很低，人口的大部分是传统小农，生活于极端的贫困，落后和愚昧之中。这样的国家判断自己的经济发展是否踏上了正途，还是走上了邪路，不在于反帝，反殖民主义的口号如何响彻云霄，更不在于提出虚无缥缈的反对私有，实行公有，实现共同富裕这类乌托邦诺言。不管这类口号如何美丽，迷魂，其实已经脱离了时代的本质。现在的时代已经不是反帝、反殖的时代。这个时代随着联合国宪章的确立，殖民地的全部独立，已经结束。当今世界，各国应该关注如何让本国的广大小农人口获得市民的同等权利，使他们能自愿地脱离效率低下的小农经济，加入到高效率的现代化的生产方式中去。这些国家必须做到两个缩小乃至弥合，才能说实现了现代化。第一，必须缩小乃至弥合本国的城市人口和发达国家之间的收入差距；第二，本国的农村人口能够逐渐缩小乃至弥合与本国城市人口之间的收入鸿沟。两个弥合主要通过工业化和城市化来实现。由于计划经济的惨败，各国只能借助市场机制的配置和引导。两个弥合的实现，是发展中国家实现经济学意义上的现代化的最主要标志。

各国的实践表明，要实现这一目标，决不是由单纯发号施令，或提出一厢情愿的愿望就能实

现。发达国家之所以能成为发达国家，是因为建立了市场机制，主要是通过要素市场的激励和引导，加上一系列与市场机制配套的制度，法律，决定性地配置资源，才能完成由传统的农本经济过渡到现代经济。如果只知道心血来潮，发号施令，在结束了殖民时代之后，仍然将本国经济的问题归咎于殖民时代的不公正，拒绝改革自己的经济和政治制度，这样的国家即使有发展经济的强烈愿望，也只会一再重复梦想破灭的覆辙。这些国家应该看到，发达国家在放弃了所有的殖民地之后，反而变得更加发达，更加富裕。东亚各国在最近几十年里崛起成为发达国家，并没有依靠殖民和征服。中国在过去几十年中的高速增长，也是依靠参加到国际分工中去的结果。可以预言，由于俄国不听各国的忠告，走上殖民和征服的道路，这将使俄国加速走向衰败和没落。

三、来自中国自身的正反经验

从 1949 年开始，中共按照共产党宣言的理念，迫使社会沿着一条扼杀市场机制，扼杀亿万民众在改善生活，增加收入方面所呈现的自发性和首创性。在城市，中共强迫赎买资本家的企业，将工人变为没有人权和自由选择的工奴。在农村，中共用谎言和暴力剥夺了农民的土地，使他们全体沦为没有产权，无权掌握自己产品的农奴。中共将民间一切财富收归国有后，将它们纳入计划经济的桎梏，置于极权的控制之下。其结果，中国沦为世界上最穷的国家之一，与世界各国的收入差距和技术差距越来越大。作为现代化主要标志的城市化率甚至发生了倒退。大批知识青年被迫离开父母，到边远和贫困的农村，从事最原始的农业生产，造成极大的效率损失。中共执政的前三十年对中国百姓来说，是一场失败的计划经济试验，不啻于一场巨大的灾难。

正因为党国体制下计划经济是一场灾难，1978 年当局决定走一条不同于计划经济的道路。一开始，犹犹豫豫的当局准备走南斯拉夫的混合经济道路。结果不久，南斯拉夫自己抛弃了这条死胡同。于是，1990 年代初开始，中国决定继续走开始于 1980 年代的市场导向的改革道路。长期生活于农奴制下的广大农村人口从人民公社的桎梏中解放出来，不但获得了对土地的使用权，还获得了离开农业，进入非农产业打工的权利。同时，随着五十万家国营工厂的私有化，沉睡其中的各种要素被解放出来。巨量的劳动，资本，和土地要素获得自由之后，构成巨大的供给能力，迅速地使中国成了世界工厂。可贵的是，这种供给能力的形成并非是盲目的。尽管中国本身并没有发育出要素市场，但是世界上存在着要素市场，通过世界市场的价格引导着中国生产要素的重新配置，以满足世界市场上由于各国单边开放所带来的巨大需求。中国加入 WTO 后，欧、美、日市场并没有要求中国立即对等地开放自己的市场。这也许是一种错误，因为来自欧美日市场的需求是现成的，成熟的，有效的。供需双方的结合，虽然使双方都大大受益，但也使中国失去压力，不用进一步制度性的改革，便能坐收全球化的红利。这是从 1980 年代起，经济增长率长期维持在平均百分之九的高水平上，有时甚至高达百分之十几的主要原因。作为由传统社会向现代社会转型的标志之一的城市化率，从改开初期低于 20%，迅速上升到 40%以上。若按照官方的口径，将没有城市户籍的农民工作为城市常住人口计算，则目前的城市化率甚至达到 60%以上。这可以说是一个当代的奇迹。

四、全球化的倒退，要素市场发育的受禁，使中国百年未遇的现代化良机正在远逝

中国巨大的过剩人口，极度恶化的生态，以及各项最主要的人均资源的占有量都说明，中国离开世界，离开发达国家的巨大市场，离开发达国家的科技活力，要想依靠内循环，现代化的实现是无法想象的。对经济增速会逐渐下降，经济

学家也早有共识。这是因为只要没有进一步的市场化改革和相应的政治改革，允许中国经济进一步融入全球经济，中国经济的增速是一定会遇到瓶颈而无法继续高速增长。反过来，这也意味着，如果沿着市场导向的改革开放的路子走下去，世界本来会欢迎中国尽快发育出要素市场，欢迎中国与世界各国的分工继续深化。只要中国继续扩大和国际接轨，融入世界经济，中国的城市化奇迹就能延续下去，将有更多的农民和农民工吸收到城市中去。这将使本来依靠小农生产方式的农村人口继续得以转移到生产力更高的城市现代部门。这可以说是中国现代化早日实现的百年未遇的机会。借助改革开放，世界在帮助中国消化巨大的过剩人口。

可是，自从中国进入以建立党国体制为特征的新时代后，经济增长率一路走低，目前已经降低到百分之五以下。由于坚持党国体制的加强，中国和几乎所有奉行民主体制的发达国家的关系变得疏远。在党国体制下，中国扼杀了按市场经济的要求尽快发育出要素市场的可能性。在没有要素市场决定性配置资源的情况下，名义上是政府在作决定性的资源配置，实质上，由于强调党对一切的领导，事实上资源的配置由党在作决定。由于没有供求产生的均衡价格的信号，党对资源的配置只能是瞎指挥，全凭心血来潮，朝令夕改，前后矛盾。可以预见，只要党国体制主宰资源的配置，不但中国的城市中产阶级与发达国家的收入差难以弥合，而且由于城市化率面临倒退，农民工和广大农民的收入也难以提高，使城乡收入差的鸿沟继续扩大。这意味着两个弥合难以实现，这也意味着中国实现全面现代化的机会正在远去。

发育要素市场必然会使党在经济中寻租的权力越来越小，而克服市场失灵，为企业和民众服务的责任越来越大，这显然是中共不甘心的。为了拯救中共的执政安全，中共的保守派只能强行扼杀要素市场的发育，开改革、开放的倒车。现在，为挽回民企和民众的信心，出台了民企 31 条，好话说尽，却回避要害问题：即中共应尽快将经济增长和收入分配的决定性作用还给市场。为此，必须尽快发育出要素市场，让要素市场在资源配置中起决定性作用。显然，这是中共十分害怕。所以中国经济遇到一个死结。只要这个死结无法解决，中国也就无法实现全面的，将广大农民和农民工包含在内的现代化。中共已经意识到自己的现代化经不起经济学的检验，而正在推出所谓的中国式现代化道路。就像当年的人民公社道路，后来的农村工业化道路一一破产一样，中国式现代化也将作为一个自说自话的笑话载入史册。

（本文是 2023 年 7 月 27 日在《未来中国向何处去》国际研讨会上的发言）

驱散迷雾：中国经济增长、产业革命和民主转型

许成钢　张杰

编者按：中国在改革开放时代成为世界第二大经济体，促成经济快速崛起的原因是什么？近十年来，中国经济增长陷入困境，货币超发、地方政府债务膨胀、房地产泡沫巨大和内需乏力，是三年新冠疫情防控导致还是早已身患沉疴？以人工智能为代表的第四次产业革命已经到来，中国的举国体制能否在科技竞赛中取得竞争优势？中国经济路在何方？为此，《中国民主季刊》张杰博士专访了经济学家、斯坦福大学中国经济与制度研究中心资深研究员许成钢先生。

经济崛起之谜

张杰：在邓小平（邓江胡）改革开放时代，中国经济快速崛起，超越日本成为了世界第二大经济体，有人将它称之为"中国奇迹"，也有人将它视为"中国模式"的重要内容，为什么您不赞成这样的观点？

许成钢：首先，针对中国经济的快速增长，我们不能忘记了一个重要的前提，那就是在改革开始的时候，中国是世界上最贫穷的国家之一。为什么中国会如此贫困？是因为 1950 年至 1953 年中国加入朝鲜战争、始于五十年代末的大饥荒以及六、七十年代的文化革命。任何一个国家在经历灾难之后，恢复时期都会有相当快速的经济增长，所以中国经济增长的前半部分源于灾后的恢复，这是我要强调的要点之一。

要点之二，如果我们看日本战后的恢复和发展，韩国、新加坡、香港的发展，中国和它们对比，实际上没有什么太大的特殊性。如果我们单纯看经济发展，中国实际上还不如台湾、韩国、日本、新加坡。因为它们都已经成长为发达国家，而中国距离发达国家还有很大的差距，所以完全不是奇迹。但如果把中国和苏联、中东欧的共产党国家对比，那么中国的确和它们很不一样，从某种意义上讲，可以认为这是个谜，就是为什么同样是共产党国家，其它的共产党国家改革都完全失败了，而中国的改革至少有那么一段时间不是完全失败。所以，我长期以来的很多工作是在解释这个谜。与苏联以及其它共产党国家比，中国的改革有什么特点呢？有两个最大的特点，使得它有一段时间相当的成功。第一，它允许私营企业发展。私营企业已经变成了中国经济的主体，这个变化在任何其它共产党国家里是不可思议的，现在越南实际上是步中国的后尘。只要允许私营企业发展，国家经济就会发展。第二，中国在一段时间里融入了全球化的体系，这也与其它共产党国家不一样。这个不一样与西方试图拉拢中国反对苏联有关。从这两个特点看，我们可以看得很清楚，但现在这两个最基本的特点全都颠倒过来了，这就注定了中国改革开放的结束和经济的由盛而衰。

经济衰退之因

张杰：中国经济增长似乎有一个重要时点，就是 2001 年加入 WTO，它对于经济增长的加速作用是巨大的。2008 年，全球金融危机，中国政府通过公共设施和房地产建设，让经济持续两位数增长。但不久后情况出现了显著变化，两位数

增长不再。现在南美、东南亚国家都在瓜分中国的产业链，中国房地产业也严重衰退并形成了巨大的泡沫。为什么中国经济会突然洗尽铅华，前景堪忧呢？

许成钢：关于中国的经济发展，我的描述会和你的看法不完全一样。我的描述是：中国最重要的经济发展时期是从九十年代末开始，到全球金融危机爆发的前夕，中国经济已经开始出现了问题。全球金融危机实际上给了中国政府一个掩盖问题的机会，使得它趁机推动了一个大规模的财政刺激，从而在短时间里暂时维持了经济的增长，但这不仅没有解决中国已经出现的问题，反而进一步加剧了经济内在问题的恶化。

中国经济早在 2007 年就已经出现问题。如果简单看统计数字，似乎中国的高速增长一直持续到了 2012 年，但掩盖了统计数字背后的严重问题。为什么我会这样分析？刚才我已经讲了，中国经济改革对经济增长有很大的支持作用，最大的因素有两个，一个是私营企业的发展，另一个是融入全球化体系，它们都是从九十年代就开始的。中国的私有化、私营企业的大发展实际上在 90 年代初就已经开始，但并不合法，到了 90 年代末才把它合法化。一旦变成合法，中国私营经济的增长速度就极为迅速，这是中国经济发展的最大动力。与此同时，私营企业大发展和中国融入全球化体系紧密相联。实际上，在加入 WTO 之前，中国经济就已经非常快速地从无到有，部分融入了全球化体系；加入 WTO 后，就更进一步加快了融入全球化体系的步伐。如果没有巨大的私有经济发展，单纯地融入全球化体系是不够的，只有两者合在一起才造就了中国经济的崛起。

为什么我说 2007 年中国经济就已经产生了问题？是因为在中国的经济快速发展之后，中国共产党就开始非常担心私有经济的快速发展有可能威胁共产党统治，一直在使用各种各样的办法努力让国有经济更快地发展，有意识地用各种方式遏制私有经济。所谓的“国进民退”现象，实际上早在 2003 年就已经开始了。早期“国进民退”的突出政策就是中共的“抓大放小”。所谓“抓大放小”中“放小”的那一个部分，在实际执行中就是私有化。政府把比较小型的国有企业私有化了，当然在国内不允许使用“私有化”这个词，改叫“改制”。但中共真正的重点不在“放小”而在“抓大”，这是政策的核心所在。“抓大”就是要做大做强国有企业。中共从来没有放弃国有企业的意思，事实上正好相反，它要让国有企业发展得更大、更强，所以在九十年代末，中共就建立了国有资产管理委员会，用国资委和全面的政策，试图推动国有企业的发展。

但这个政策本身就是问题的根源。在经济学里有一个重要的概念，即国有企业的软预算约束，意思就是说，国有企业在资不抵债的时候不会破产，所以国有企业不会害怕破产，这就导致了国有企业胆子非常大，敢于借钱。软预算约束问题，是所有其它共产党国家经济改革失败的最基本原因。中共强调“国进民退”和努力壮大国有企业，就把国企不可避免的软预算约束问题都拉到中国经济里来。到了 2007 年的时候，国企做大做强很见成效，国有企业的软预算约束问题也再次凸显，使中国经济产生了严重问题。

我在这里要非常认真地强调，在中国的改革过程中，私营企业的发展不是中共有意设计的，也不是它高兴愿意做的事，而只是在改革过程中发生了的事情，尤其是到了 90 年代末，中国的国有企业面临非常严重的问题，包括银行、非银行金融机构等。面对国有资产有可能整体上资不抵债的严峻挑战，私有企业的大发展救了中国经济一命，救了中共的命。私有经济合法化的背景就是私有企业的大发展救了中共的命。但是中共在合法化私有企业的同时，就担心私有企业变得更大，大到可以动摇党的统治怎么办？

讨论共产党的制度时，必须要清楚一个概念，叫做“防止和平演变”。防止和平演变的概念来自列宁。中国经济改革在一开始的时候，邓小平就说得很清楚，中国的经济改革就是列宁的新经济政策，而当年列宁在推出新经济政策的时候，就提出了防止和平演变的概念。当私营企业大发展的时候，它带来的和平演变问题从来就是中共高度关注的，并不是只有习近平关注。例如江泽民也非常关注，这就是为什么江泽民要提出“三个代表”的概念。江泽民面对和平演变的威胁，为了要应对这个挑战，就试图把能够“招安”的私营企业老板都吸收到共产党里面来。这有点像水浒传，皇帝只要把反皇帝的梁山好汉“招安”到朝廷里来，他们就归皇帝管了，就变成朝廷的人。江泽民是试图用“招安”的方式来控制私营企业，用这个方式来避免和平演变。也就是，中共在应对和平演变时，一方面“招安”，一方面限制私营企业的发展，所有这些东西前后逻辑是一致的，他们的最终目的也是一致的。只是到习近平这里，把招安基本放弃了。

我们再说房地产行业。中国启动房地产行业的时间不是全球金融危机爆发的时候，而是九十年代中后期。当时朱镕基实行税制改革，中央把税收的大头拿走，小头留给了地方，但绝大部分公共服务以及公共开支都是由地方政府承担。在这个背景下，中央政府开放了土地市场，用这个办法帮助地方解决财政困难。地方财政变成土地财政，实际上是中央政府刻意设计出来的。但土地财政的制度基础是中国全面的土地国有制，这是决定性的一环。在全面的土地国有制的条件下，所谓的土地市场从来都不是售卖土地的所有权，而是出让土地的使用权和交易权，是买卖租期的市场。刚才我们讲私营企业的发展不是中央政府设计，不是中共设计的，但是土地财政却是它们设计的，目的在于利用土地的全面国有制，让地方政府通过靠售卖土地的使用权来获得财政收入，解决地方财政收入问题。

在这个背景下，所有的地方政府都变成了当地唯一的大地主，因为没有任何人有土地所有权，就是阿里巴巴这么大的企业也不拥有一寸土地，它所有的土地都是租借的。由于每个地方政府都是当地垄断土地的唯一地主，它们售卖出租土地的目的是为了寻求财政收入，因此地方政府就利用它的垄断权力，尽量抬高土地价格，采取减少土地供给就是主要手段之一。中国巨大的房地产泡沫是在土地国有制下，地方政府共同限制土地供给制造出来的。

如果我们看一下中国的整个房地产市场，它的总价值是多少？我现在讲的都是疫情之前的情况，中国房地产的总价值比美国房地产的总价值，再加上整个欧盟的房地产的总价值加在一起还要大，但美国的 GDP 数字加上欧盟的 GDP 数字合在一起，相当于中国的两倍以上。所以从这里就可以看到，中国房地产是一个巨大的泡沫，这个泡沫早晚要出问题。为应对零八、零九年全球金融危机，中央政府采取的巨大的财政刺激政策，进一步把泡沫扩大化。那次财政刺激的重点就是房地产投资和重大基础设施建设。直接投入的主体是房地产业。

前面，我讲到软预算约束，过去软预算约束这个概念主要讨论的是国有企业，但是自从零八、零九年金融危机，中国采取了巨大的财政刺激之后，中国又产生了一个新形式的软预算约束，那就是地方政府。每一个地方政府都建立了一些所谓的融资平台，其实就是以国有土地为核心建立的空壳国有企业。当地政府把土地拨给融资平台，让它拿资产负债表到银行去获得抵押贷款，借出极其巨大的资金，光是金融危机那一段时间，就借出来上 10 万亿。这个数字现在已经没有人确切知道了，早在许多年前这个数字就已经达到了 50 万亿，现在这个数字已经保密了。

地方融资平台是国有的，不怕破产，敢借钱，所以借的数目特别大。这是典型的软预算约束现象。此外，融资平台借的基本都是抵押贷款，这本身就非常危险。因为抵押贷款意味着把土地作为抵押资产放到银行了，变成了银行资产负债表里的资产。当经济上行的时候，土地价值会上升，银行是安全的，但经济下行，就像现在的情况，土地价值下降，就意味着不仅仅是地方政府欠很多钱还不了，更严重的是把银行的资产搞坏了，银行的资产负债表就会出问题。当房地产价格持续下降时，银行的资产价值会自动下降，可以导致资不抵债。这时，理论上说，银行就要破产。在软预算约束下，政府可以救助银行。但那些手段只是在拖延问题，如同垮台的苏联和东欧共产党经济。所以中国的房地产泡沫膨胀实际上不仅仅是房地产自身，同时也给整个中国的银行业，整个中国的金融业，整个中国的经济带来非常大的危险。

第四次产业革命与制度优势

张杰：经济的发展与产业革命密切相关，您曾强调人类第四次产业革命已经到来，人工智能是其重要内容之一。美国已经推出了 ChatGPT，而阿里巴巴和百度也都推出了自己的产品。我的问题是中国举国体制能够在这次产业革命中取得竞争优势吗？有人说中国的人工智能在很多领域已经超越美国，您的看法是什么？

许成钢：产业革命的产生是有制度条件的。如果我们看过去三次产业革命和这一次正在发生的产业革命，就会发现它们的发生地都发生在英美两国，这不是语言的问题，是制度的问题。英国和美国是同一类的制度，即便其它资本主义制度国家，不是这类制度，也没有产生过产业革命。

英美制度是什么？它和其它的发达资本主义制度相比，有两点完全是一样的，第一，都是以私有制为基础的，第二，都是民主制度。英美制度和欧陆及日本韩国的资本主义制度哪里不一样呢？在于英美法系。加拿大、澳大利亚都是英美法系国家，现在正在产生的新一次产业革命，其中很重要的推手之一就有加拿大。英美法系对产业革命最重要的推动在哪里呢？金融市场。为什么只有英美法系国家金融市场才发达，而非英美法系国家金融市场都不够发达，原因是英美法系制度支持金融市场的发展。为什么金融市场和产业革命有关？因为产业革命需要庞大的资金，所以首先要解决融资问题。当全新的技术产生的时候，它能不能发展，实际上取决于能否给它注入资本。向创新企业注入资本是一个非常困难的事情，因为全新的技术不成熟，没有市场。在市场上被接受之前，大部分的技术创新都会失败，只有少数会成功，怎么向他们注入资本，这依赖特殊的制度解决。事实告诉我们，在整个技术创新演变过程中，最有帮助的就是金融市场，而作为金融市场的一个衍生物，就是风险资本。风险资本自 50 年代以来，一直是美国孕育、推动新技术革命性中不可缺少的基本制度。

中国也想模仿风险资本，但中国的制度决定了它不可能真正模仿风险资本。因为风险资本高度依赖法治，高度依赖司法体系，高度依赖金融市场。中国金融市场本身不是一个正常的市场，中国的法律和司法制度至今不能独立，所以没办法模仿。只有在风险资本能正常运作的环境下，才有可能给全新技术注入资本。当然全新的技术的产生还有另外一个很重要的一面，也是制度带来的，就是自由。只有在自由的制度下人才有想象力，而自由非常重要一部分就是自由的大学，教授治校的大学。中国至今没有一所自由的大学。当大学不是教授治校的时候，无论有多少教授、博士和发表了多少文章，学术都不可能是自由的，也不会产生大的创造力。

无论是在当年的英国还是现在的美国，在产业革命的时候，你可以看到多少在他们国家发明创造的东西，都并不是他们本国人创造的。第二次产业革命发生在英国，大量的发明创造来自在英国的外国人。今天也一样，大量的发明不是美国出生的美国人创造的，而是外国人在美国造的。硅谷的印度人和中国人加起来多于欧洲裔的美国人。为什么这么多最有天赋的中国人、印度人在美国爆发了这么大的创造力，而不在他们自己国家发挥？原因是聪明人只有到了好的制度下才能发挥出来。

正在兴起的第四次产业革命，过去是一种预测，今天已经不是预测了，现在实际上是第四次产业革命的前期，已经开始以指数级的速率在快速地发展，就要形成气候了，只不过它具体的会变成什么，仍然没有人知道。

这就是产业革命的特点。产业革命意味着它产生出来人们事先不知道的东西，唯一能知道的就是产业革命一定造成“创造性破坏”。这是一个经济学术语，意思就是创造会带来破坏，它一路破坏过去，一路地创造现在和未来。但是“创造性破坏”只能产生在适当的制度里，因为只有适当的制度才能容忍破坏。比方说，目前比较热的ChatGPT，有人进行一个尝试，问它中国共产党好还是不好，用简体或正体中文提问就会得出截然不同的结论。阿里巴巴和百度也推出了自己的东西，但政府马上警觉了，就出台法案开始限制了。这一次人工智能技术竞争中，中国有可能超越美国吗？不可能。在ChatGPT产生之前，人工智能曾被分割成许多很窄的领域，中国的确可以在个别领域里领先。原因很简单，因为中国制度的特殊性，比如说中国是世界上拥有监控摄像头最多的国家，有好几亿摄像头，它们拍摄下来的巨大量的视频和照片需要处理，需要自动识别，要自动地确定抓捕谁，控制谁。面对警方监控民众的巨大需求，中国政府投入了大量资金进行技术创新。在巨大投资的支持下，中国在图像识别，无论是静止的还是视频方面，在世界上都一度处于领先的地位。另一个可以相提并论的就是语音识别，道理是一样的，由于它大量收集私人的语音，用于监督民众，它在语音识别技术上一度也处于世界领先状态。但因为这种做法严重侵犯人的自由是违法的，这些技术在西方国家是不能如此发展的。美国的法律禁止公司和个人进行这样的技术创新，但中国的法律没有这样的限制。

但是人工智能远远不局限于监控。在ChatGPT产生之前，中国在许多重要的、关键的人工智能领域远远落后于美国。一是在人工智能最基本的算法方面，中国无法和国际的先进水平对比。二是在人工智能最有创造性的科学研究方面，比如说发现和发明新药、新材料，国际上几年以来就已经积累了不少重大的突破、重大的成果，但中国一项也没有。依靠人工智能实现科学研究上的重大突破，国际社会并非最近开始，已经有好几年的时间了，积累了很多成就。现在ChatGPT作为一个通用的人工智能模型出来以后，尤其是它开放给所有人之后，一下子就暴露了中国和国际先进水平之间的差距。

我要强调的是，过去中国在某些领域里之所以能够和世界的前沿追得比较近，背后有几个重要的条件。一是中国过去融入国际化不仅仅是贸易，也包括科学技术。由于融入了国际化，中国在科学技术上极大的得益于发达国家，尤其是美国。中国最优秀的人工智能方面的专家，绝大部分都是在美国训练的，包括在美国本土训练，也包括在中国本土美国训练的。例如微软公司在北京的亚洲研究院，是中国人工智能的黄埔军校。这是什么意思？就是中国在人工智能方面，无论是在研究机构、大学还是公司，大量的领军人物，都曾经是微软机构培养出来的，在那里工作过，所以融入了国际，融入了全球化。但这些年来，中国的“战狼外交”严重摧毁了国际关系，中国继续融入国际化已经受到严重阻碍，甚至逐渐变成不可能。这就严重地阻碍了中国人工智能的发展。二是芯片。人工智能有算法、计算能力和数据三个方面的核心要素。算法就是前面讲的，它取决于是否融入了国际社会。因为基本上没有重大的算法是中国发明的，都依赖西方的技术，一旦与西方国家学术交流脱钩，算法的来源就会成为问题。在计算能力方面，过去不存在对中国的限制，中国公司和美国公司是一样的，可以获得任何想要的芯片，但是现在情况发生了急剧地逆转。当芯片受到严重限制的情况下，我们可以预计在不远的将来，中国在获得所有先进芯片方面都会遇到困难。那时，中国的计算能力就受到了限制，就把最新的人工智能发展给限制住了。说到数据，数据里非常重要的一个部分是数据的质量，而数据的质量直接和社会的自由联系在一起。当社会自由的时候，数据才能有质量；当社会不自由的时候，数据就没有质量。过去有一个错误的认识说中国的数据是世界最多的，为什么它是错误的认识？第一，数据不仅是中文的。如果讲到了科学和技术，绝大部分的科学和技术数据是英文的，中文的数据不可能是世界最多的。另一面，讨论数据一定不是简单的数量，一定有质量在里边，而质量取决于社会是不是自由。当社会是不自由的时候，数据是有限制的，是充满噪音的，比如说撒谎、造谣和编造历史等等。当社会里充满了各种谎言的时候，人工智能的机器学的都是谎言，它就会像造谣、说谎的人一样，也会说谎。今天所谓的人工智能，基本上就是机器学习，机器学的就是你做什么他做什么。你的社会是自由的、诚实的，那么你的机器训练出来就是诚实的、自由的；数据是编造的，你的数据是撒谎的，那么机器学出来的也是编造的、撒谎的。我们把这几个条件放在一起分析就会发现中国在人工智能方面存在很多无法克服的障碍。

中国经济的出路

张杰：以上，我们谈论到中国经济的崛起之谜以及遭遇的困境和第四次产业革命的挑战，它们都指向了一个根本性的问题，那就是中国的基本政治制度，或者说在中国极权主义制度下，经济发展和产业革命都遇到了难以克服的障碍。您认为中国经济和技术创新的出路在哪里呢？

许成钢：最近 10 年以来，中国在经济上和外交政策上存在很多看去自相矛盾的地方，在经济上希望不脱钩，仍然和发达国家有紧密的合作，但是在外交上却是咄咄逼人的“战狼外交”。为什么要实行“战狼外交”？“战狼外交”不是某一个人愚蠢，不是某一个人发神经，而是中共最基本的目的决定的。

这些表面看去自相矛盾的地方，实际上并不一定自相矛盾。因为发展经济本身并不是中共的目的。中共改革的目的是为了中共的政权。在发展经济的过程中，无论是邓小平、江泽民、胡锦涛还是习近平都是一样的，一直都担心西方和平演变和颜色革命。和平演变指的是私营企业和私营企业家，来自内部的持不同政见的人，而颜色革命则是来自发达国家的影响。当共产党的担心上升到一定高度时，邓小平韬光养晦策略就执行不下去了。韬光养晦是有前提的，就是不担心颜色革命，一旦担心颜色革命了，韬光养晦就只能放弃。当习近平认为发达国家是敌对势力，它们在中国要搞颜色革命的时候，他就没有办法掩饰自己，而必须显示中共的强硬。

所以，经济发展和技术创新一定离不开国家基本制度。苏联和中东欧的共产党国家，他们改革的失败导致了整个体制的崩溃。中国的改革曾经是所有共产党国家里唯一的特例，但现在这个特例也不特了。习近平这些年里做的事情非常简单，就是把中国拉回到苏联的轨道上，成为一个不叫苏联的苏联。所以，我在许多次的演讲里都引用中国共产党五十年代的一个口号：苏联的昨天今天就是中国的明天。我把这个话反过来说：中国的今天就是苏联的昨天。

当然中国是有可能不走苏联道路的。在什么情况下，中国可以不走苏联的路呢？就是在经济的主体是私有经济的情况下，大量的非政府组织，民间组织已经遍布全社会的情况下，容忍甚至鼓励私有经济发展、企业家发展、民间组织发展，这样就会帮助中国逐渐的脱离苏联的轨道，从极权主义制度逐渐变成更放松的威权主义制度，让它有些许民主的成分，尤其是这种自下而上的民主，中国经济就有了出路。但是中共把这称为和平演变，这就断送了这条路。

当习近平一味地反对和平演变，反对颜色革

命的时候，实际上他就把中国的路堵死了。反对和平演变对于中共来说，是保证它统治的核心所在。但是如果我们看一下人类的历史，唯一能使人类社会变得越来越好的途径就是和平演变。因为除了和平演变之外，要么就是暴力，要么就是破坏，要让人类远离暴力和破坏，就要用和平的方式朝美好的方向演变。这个演变的过程不是任何人设计的，而是大家为了自己好、每个人都为了自己好，不断推动的和平演变。目前中共坚决反对和平演变，它自己就把中国可以变好的路都给堵死了。这就是真正的问题所在。

张杰：非常感谢您接受我们的专访。

原文载 2023 年 7 月 15 日发表于《民主季刊》第三季 本文经作者同意转载

【理论探讨】

“去政治化”的政治理论

——汪晖的左翼立场与“国家主义”

陈 纯

如果要问在当代中国思想界，哪一个大陆学者在国际上的影响力最大，答案很有可能是汪晖。大卫•哈威（David Harvey）在《新自由主义简史》里的《中国特色的新自由主义》一章，曾大量引用汪晖的英文著作《中国的新秩序》（China's New Order）；当2010年汪晖身陷“抄袭”事件，以斯拉沃热•齐泽克（Slavoj Zizek）为首的西方左翼学者发表了一个支持汪晖的声明，将事件视作中国自由派的一个阴谋。然而，与国际上普遍对汪晖的左翼立场坚信不疑相比，国内学界普遍将汪晖和国家主义者相提并论。自由主义学者就不必说了，即便在对汪晖表示讚赏和同情的学者那里，他们也更多地是在讨论他的《现代中国思想的兴起》，而不是他的《去政治化的政治》。《去政治化的政治》一书出版已经十多年，其严肃评论之少，与汪晖的影响力之大，形成一个尴尬又匪夷所思的对比。

从表面上来看，将汪晖视为一个国家主义者似乎是说得过去的，尤其是在2010年后：他持有一种学术上的民族主义意识，不仅他所有论述都以中国问题作为基础，而且他相当自觉地站在中国和中国共产党的立场去谈论问题，如果说中国有什么会让他批判，那大概只有中国的资本家和中国的知识份子。在著作、文章和访谈里，他对中国共产党领导中国的合理性和合法性从没有过任何质疑，甚至可以说，他的绝大部分论述都可以用来为中国共产党的领导权做辩护。他不仅不质疑中国共产党的领导权本身，而且还将一些与左翼立场难以协调的政策转向视为“党的纠错机制”的体现。他反对西方和资本主义的霸权，但却从来不谈中国共产党的霸权（“领导权”和“霸权”恰好也是对hegemony的两个常见的翻译，但汪晖在谈到中国共产党的时候，只讲“领导权”，不讲“霸权”），这种霸权针对的是国内的各种群体，而他对于中共压迫性的这一面总是避而不谈。如果汪晖是个非国家主义的知识份子，他上述的这些表现似乎难以得到解释。

自由主义学者对于汪晖的国家主义倾向也是常有提及，比如徐友渔在〈新左派与自由主义的分与合〉中就讲到自由主义与新左派在“个人与国家”问题上的差异：“新左派则认为，个人是依赖国家而存在的，没有一个强有力的政府，公民就不可能享有任何权利。”许纪霖在〈进入21世纪以来的国家主义思潮〉认为汪晖在2010年以来，“从总结新中国成立60年来中国崛起的独特经验，进到肯定‘政党的国家化’、党国代表人民的普遍利益，”说明汪晖已经从“觉民行道”的下行路线拐向了“替君行道”的上行路线。荣剑在批评汪晖的〈革命者人格与胜利的哲学〉中的国家主义时，乾脆将他和投奔纳粹的德国哲学家海德格尔相提并论，将其在列宁诞辰写就这样一篇文章的时刻称为“海德格尔时刻”：“汪晖的学术能力当然和海德格尔没法比，但学术能力的差异并不妨碍他们在各自国家以及不同的历史时期成为一名坚定的国家主义者，或者说，在面向他们各自国家的最高统治者时表现出一种相同态度和立场，并作出相应的理论反应。”

有些论者认为，汪晖的立场是复杂的，难以用“国家主义”来概括，这正是国内评论他的文章如此之少的原因，和其他同等分量的学者——比如刘小枫和甘阳——相比，汪晖的许多论述让人无从下手，这不仅是因为他的学术语言较他人更为晦涩，而且他的论述方式也极为微妙。在《去政治化的政治：短 20 世纪的终结与 90 年代》一书中，这种复杂性和微妙性体现得尤为明显。在里面，汪晖对于毛泽东时代，对于改革开放，对于 80 年代的新启蒙主义，对于 90 年代的“思想退出，学术登场”都有著一分为二的评价。一分为二的同时，汪晖又有著侧重的方面，比如儘管他承认改革开放的“惊人成就”，但他更侧重于对改开里面蕴含的“新自由主义”逻辑进行激烈的批判。对于 90 年代初出现的“反思激进主义”的思潮，他既承认其出现有客观的历史原因（1989），但他认为这些反思是肤浅的、保守的，这里也包括甘阳的〈扬弃“民主与科学”，奠定“自由”与“秩序”〉。这种一分为二，把握矛盾的主要方面，正是辩证法的传统。在这种辩证法之中，“左翼”的立场是鲜明的，但“国家主义”则较为模糊，或者在他的拥护者们看来，只是一种偶然：当左翼立场与国家主义重合时，汪晖看起来就像一个国家主义者，当左翼立场与国家主义衝突时，汪晖就是一个反国家主义者。大概是由于这个原因，他的拥护者将《去政治化的政治》作为他最本真的政治哲学著作，并对一切过于立场化的批评深恶痛绝。

我也认为，以往自由派对汪晖之国家主义立场的批评是欠缺说服力的。它们要么从新左派的整体立场出发，从新左派整体的国家主义推到汪晖的国家主义；要么选择他那些不具代表性的文章，锁定其中的某些词句，从这些词句的国家主义倾向推出汪晖本人的国家主义倾向；要么从苏联的大清洗来斥责他对革命者人格的推崇，从文革的互相揭发和武斗来斥责他对文革的推崇，从他对某些历史事实的忽略来推论他的政治立场。这大概足以让有相同立场的人看出汪晖的国家主义倾向，但对于中立者来说，总是难免感到困惑。

本文主要想证明：汪晖不是一个一般意义上的国家主义学者，或者说，我们只能在一个特殊的意义上谈论汪晖的“国家主义”；同样地，他也不是西方意义上的左翼，西方的左翼将他视为自己在中国的同类也是一种自作多情，他的批判性并不针对他所在的政治语境的最大压迫者，甚至可以反过来被后者利用；他具有个人特色的左翼立场和“国家主义”的矛盾贯穿他所有时期，且他无法对之进行有效的调和，这使得他的左翼立场在大多数时候成为被牺牲掉的一方；最重要的是，中国的进步主义者不能将汪晖视为可以团结的对象，但可以从汪晖的理论遗产中吸取教训，以筹画和重塑自身的议程。

去政治化的政治

为了釐清汪晖的复杂立场，我们要从他的“政治”概念入手。这个概念不仅在他的《去政治化的政治》中有重要的位置，也频繁出现在《世纪的诞生》，以及他未编辑成书的文章和访谈中。我们想看看汪晖对“政治”是否有一种前后一贯的用法，这并非说“政治”只能有一个涵义，而是说，即便“政治”在汪晖的笔下有多种涵义，这些涵义之间是否能构成一个融贯的立场。因为《去政治化的政治》和《世纪的诞生》都是文集，文集内的文章写作时间不一，所以我们的引用和讨论主要以文章为中心，并交代文章写作的时间，方便大家辨析汪晖的思考轨迹。

章永乐对汪晖的“政治”概念有过一个辨析：“‘去政治化的政治’中的后一个‘政治’指向的是将政治作为权力与利益斗争的日常理解，但第一个‘政治’却暗含著一个规范性的‘政治性’（thepolitical）概念，指向公共领域中的能动的主体性和行动。去政治化，意味著剥夺政治主体在公共空间进行政治干预的可能性。”如果章永乐的辨析可以概括汪晖对“政治”的用法，那一个“重视公共领域的能动的主体性和行动”的汪晖当然不能被轻易归为国家主义者，最多只能说，他后来的立场发生了转变，以至于其国家主义倾向越来越强，事实上，许纪霖的〈国家主义〉一文就隐含著这个意思。

学术界普遍赞同汪晖将改开以来的政治称为“去政治化的政治”的说法，但大部分人对“去政治化”的理解与汪晖本人的使用并不完全一致，他们更多地将其理解为“去阶级斗争化”和“去意识形态化”，而对于“去阶级斗争化”和“去意识形态化”，大部分知识份子是欢迎的，但汪晖本人的态度显然对“去政治化”是感到惋惜的。对于这一种错位，汪晖本人有一定的责任，比如他在〈去政治化的政治、霸权的多重构成与 60 年代的消逝〉一文中，认为“去政治化过程”有如下两个特点：一是意识形态领域的“去理论化”，表现在邓小平提出的“不争论”；二是政党内部的路线斗争的终结，表现在以经济建设为中心以及“摸著石头过河”。如此，其他人将这两个特点概括为“去意识形态化”与“去阶级斗争化”，似乎没什么不妥。

在《去政治化的政治》中，汪晖自己对“政治”作了更详细的界定（儘管他强调这只是“临时性”的），并在这个基础上尝试更准确地定义“去政治化”：

> 第一，政治是一个主观的、能动的领域，而不是客观的构造，或者说是一个在主观能动作用下产生的主客观统一的领域。第二，政治活动是能动的主体的领导行为，从而政治与领导权问题具有密切的关係。第三，任何政治主体都必须在一种政治主体间的关係（无论是敌—友关係，还是对话关係）之中才能维持，无论以何种方式取消这种关係，势必构成对政治主体性的否定。

因此，所谓的“去政治化”就是指如下现象：对构成政治活动的前提和基础的主体之自由和能动性的否定，对特定历史条件下的政治主体的价值、组织构造和领导权的结构，对构成特定政治的博弈关係的全面取消或将这种博弈关係置于一种非政治的虚假关係之中。

汪晖这样去界定“政治”和“去政治化”，并没有让概念本身变得更清晰明瞭，我们得从他的具体论述来分析，看看能不能让“政治”和“去政治化”有一个更直观的呈现。

汪晖借助亚历山德罗・卢梭（Alessandro Russo）对中国文化大革命的研究，提到了“60 年代自身的去政治化”：“派性斗争和暴力衝突使得文革初期的公开的政治辩论、多样性的政治组织以及以此产生的政治文化濒于危机，从而提供了党—国体制重新介入并获得巩固的契机。”这说明对于汪晖来说，公开的政治辩论、多样性的政治组织和与此相应的政治文化是“政治”，而派性斗争和暴力衝突则是“去政治化”。这是汪晖和大部分当代中国知识份子对文革的理解产生差异的根源。对于后者来说，文革里并不存在真正的公开政治辩论和多样性的政治组织，只有派性斗争和暴力衝突，所以他们理解的“去政治化”，就是不再基于意识形态立场和阶级出身搞批斗和派性斗争，这并不是坏事。但汪晖认为“去政治化”是以发展和社会稳定为由，把公开的政治辩论和多样性的政治组织也压制了，这等于把孩子和洗澡水都扔了。需要说明的是，并非只有自由派知识份子才对文革持有这样与汪晖迥异的理解，在《以美为鉴》里，作为文化保守主义者的刘小枫也用文革的暴力衝突来讽刺剑桥学派对“激进民主”不计后果的推崇。

在《去政治化的政治》中多处地方，汪晖对“政治”都是这样理解的。在这个基础之上，他对一些已经被主流抛弃的概念进行重新诠释，为其赋予全新的内涵，这些概念对于理解汪晖的“政治”概念也是相当关键。首先就是“路线斗争”。关于这个概念为什么会被唾弃，汪晖的解释和我们上面对“去政治化”为什么会受到知识份子的欢迎的解释异曲同工：“由于缺乏保障这些理论和政策辩论持续和健康发展的制度条件，辩论和分歧往往以权力斗争的强制方式获得‘解决’。文革之后，许多政治斗争的受害者出于对‘路线斗争’的深恶痛绝而彻底否定了‘路线斗争’这一概念。”但汪晖认为，早期的路线斗争并不以武斗的形式出现，而都是理论辩论和政策辩论为主。不仅如此，理论辩论和政策辩论也为后来的改革开放奠定了基础，因为改开涉及的许多问题都在70年代中期的理论辩论中出现，比如“有关商品生产能否产生资本主义、按劳分配会不会产生资产阶级法权”等。

在2010年的〈中国崛起的经验及其面临的挑战〉一文，汪晖也再次重複了路线斗争和理论辩论的重要性：“作为一种政党的路线纠错机制，理论辩论，尤其是公开的理论辩论，在政党和国家的自我调整、自我改革中发挥了重要作用。由于共产党内缺乏一种民主机制，路线斗争常常也会转化为无情打击的权力斗争，但这些因素不应掩盖路线辩论和理论辩论在其历史中的重要作用。”路线斗争和理论辩论在汪晖看来，不仅是“政治”在毛时代的重要体现，而且也是“政党的路线纠错机制”，汪晖甚至用这个来解释为什么中国没有像苏联和东欧国家一样发生剧变。但为什么路线斗争总是一次又一次地转化成无情打击的权力斗争呢？只是因为党内缺乏民主机制吗？这里恐怕需要更多的解释。

阶级概念的去政治化

另一个重要概念是“阶级”。“去政治化”确实伴随著阶级概念的模糊化或消退。这对许多知识份子来说是一件欢欣鼓舞的事，因为他们不再会被打成“臭老九”，但汪晖不这么看，原因不仅在于他持左翼的立场，而在于他持有一种与一般学者不同的对“阶级”的定义，而这种定义在他看来是符合马克思的精神的。

他归纳出马克思的阶级概念的几个要求，这几个要点，与“政治”的几个要点一样，都没能使概念本身变得清晰明瞭。

首先，无论阶级关係的图景多么复杂，阶级意识和阶级斗争总是受到基础性的阶级结构的约束，也一定会表现为对特定生产关係或阶级结构的自觉的改造；其次，阶级是一个关係概念，即某一阶级只有在与其他阶级的关係之中才能被定义，从而阶级关係包含了内在的、根本的、以剥削与被剥削这一特定的关係为客观基础的对抗性的；第三，阶级间的对抗性是阶级形成的必要条件，即没有阶级对抗的形势，阶级自身就不能形成；也只有创造出阶级对抗的形势，才能产生出阶级的主体。

之所以说这个概念和“政治”的概念息息相关，因为“阶级”的出现是需要主观能动性的，正如汪晖所说：“阶级是一种‘客观的’存在，但这一‘客观的’存在并不意味著阶级政治的存在。只有当阶级获得自身的政治主体性时，作为一种政治阶级的阶级才存在，阶级政治才会被激发。”用大白话来说，一个人原本的出身并不能完全决定他的“阶级”（所以汪晖也赞同遇罗克对“血统论”的批判），还需要考虑到他的阶级意识以及他与其他阶级主体的关係，而且阶级主体性是可以转化的，前提是需要接受“社会改造”，或进行“自我改造”。因此汪晖这种“阶级”的概念是一种“政治性的阶级”。

同样基于“政治”的概念，汪晖的“阶级斗争”也并不预设“肉体消灭或强力控制的暴力形式”，这和前面将暴力衝突排除出政治是一致的。汪晖认为，中国共产党在进行阶级斗争的过程也具有这种意识，比如他们一直强调在土地改革中要避免过激，“反对侵犯中农土地、一般不变动富农土地，对富农与地主有所区别等等”。中国革命中的过度暴力产生于阶级概念自身的“去政治化”，“即将政治性的阶级概念置于客观性的框架下，通过自上而下的强制方式展开‘阶级斗争’。”也就是说，有些人因为没有意识到阶级是政治性的，可以转化的，所以只能用一种去政治化的方式来进行阶级斗争，只能将对立的阶级进行肉体消灭或暴力压制。这就使得文革走向了去政治化。

在一些其他的文章和访谈里，汪晖同样表达过类似的意思。比如在 2012-13 年的〈代表性断裂与“后政党政治”〉，他同样批判了一种既是“实证主义”又是“本质主义”的阶级概念：“不但右翼，也包括一些左翼，都相信在 20 世纪，相对于农民和其他社会阶层，工人阶级成员在中国政治生活中所占据的位置非常有限，资产阶级尚不成熟，因此，现代革命不可能具有社会主义性质，工人阶级不可能称为真正的领导阶级。”什么样是实证主义和本质主义的阶级概念呢？在 2020 年 12 月 23 日在清华大学举办的关于《世纪的诞生》的读书会上，他讲到卢森堡对俄国革命的批评时说到：“卢森堡没有意识到，阶级这个范畴不能只是在经济层面、用静态的方式来理解，而应该从政治变动中理解阶级、阶级关係和阶级政治；要理解政治性阶级的形成，比静态的财产权关係复杂很多。这在中国以后的经验中可以说是至关重要的。”

这就说明，实证主义和本质主义的阶级概念是基于经济层面的、静态的财产权关係，而汪晖理想中的阶级概念，是能动的、“基于政治经济分析”而产生的，也就是说，要考虑主体身处的政治经济关係，也要考虑他们的阶级意识以及通过斗争和改造而发生转化的可能性。“文革时期的‘血统论’和唯身份论（或成分论）就是奠基在去政治化的阶级概念之上的。”在这种框架之下，中国革命者可以“将农民置于无产阶级革命的主体地位之上”，所以即便实证意义上的工人阶级数量很少，由中国共产党所领导、由广大中国农民所参与的中国革命，依然具备社会主义性质。

在写于 2017 年的《世纪的诞生》第六章，〈预言与危机（二）：十月革命与中国革命〉，他讲到中华苏维埃根本法大纲时评论道：“中国革命及其社会主义追求首先表现在其政治结构、政治主体和政治理念方面，而后才表现在经济水准和生产形态的变革之上。没有苏维埃政权，这场与工人阶级没有多少直接联系的土地革命就谈不上‘无产阶级领导下’的革命了。”这与他在〈代表性断裂〉一文的内容呼应，同样是认为不能从实证意义上参与的工人数量多少来谈论革命的性质。在后面，他干脆将农民称为无产阶级：“农民作为无产阶级并不只是主观的政治进程的结果，这一命题本身也是帝国主义时代全球化劳动分工的产物……中国革命必须将农民阶级转变为革命人民的主体，这一历史命运意味著这场革命不能自然地和自发地从工人阶级和农民阶级的阶级性格和诉求中产生出来，而必须通过军事斗争、政治斗争、生产斗争和生活斗争转化其成员的阶级性格和诉求。这是一个高度政治化的历史过程。”同样，他也谈到如果阶级概念失去政治性，悲剧就会发生：“无论在延安时期，还是在新中国成立以后，由党内斗争而衍生的以及在滥用阶级概念的状态下形成的冤假错案频繁发生，若考虑到从中央到地区的各个层面，同类性质的事件实在不胜枚举。”在汪晖这里，阶级概念的滥用不等于阶级概念的随意性，而指的是“阶级边界的僵化”。

以上说明汪晖一直到近年来都没有放弃他对“政治”和“阶级”的特殊理解，所以我认为汪晖不存在一个阶段性的转型。但既然在他的论述里有这么多处地方谈论到“阶级概念斗争扩大化”导致冤假错案、强力控制和暴力衝突，并表达了否定的态度，那汪晖是否有追问，这些惨剧背后的根源是什么？事实上，在〈去政治化的政治〉一文和《世纪的诞生》一书中，他都有尝试给出原因分析。在前者中，他从阶级概念的财产权含义消失、共产党的阶级代表性问题日益模糊以及中国革命产生出官僚制国家讲起，搞文化大革命就是为了诉诸阶级和阶级斗争的理念对政党进行持续的革新和改造，通过激发党内和全社会的政治辩论和政治斗争，避免革命政党在执政后发生蜕化。但是，“这一政治性的阶级概念一旦被僵化为结构性的、稳定不变的本质主义概念时”，就会将体现政治能动性的理论探索和自由辩论扼杀，变成不同人群之间的残酷斗争和无情打击。这里存在三个问题：一，如果共产党的阶级代表性日益模糊是搞文革的其中一个原因，而阶级概念僵化又是文革走向暴力的原因，那汪晖理想中的“阶级”概念应该是“既不能模糊也不能僵化”，这究竟是一个怎么样的状态？汪晖并没有说明。二，政治能动性为什么表现为“理论探索和自由辩论”，而不是“残酷斗争”和“无情打击”？既然汪晖将敌我关係也作为政治主体间的关係的一种，那为何“残酷斗争”和“无情打击”不是政治能动性的体现？三，上面这个解释有循环论证的嫌疑，因为它将文革中的暴力归因于阶级斗争的扩大化，又将阶级斗争的扩大化的根源追溯到“阶级概念的去政治化”，但按照他前面的定义，文革中的暴力本身就是“去政治化”的体现。这里“去政治化”在因果链上是否多余？在〈十月革命与中国革命〉中，他所给出的分析也难以让人满意：“阶级概念的僵化和卢森堡所批评的漠视民主形式的布尔什维克传统，以解决人民内部矛盾的方式解决党内政治分歧的可能性丧失了或部分地丧失了。”这无非在“阶级概念的去政治化”，多加了“漠视民主”和敌我矛盾扩大化，但在汪晖的定义里，后两者本身就是“去政治化”的内容。这不禁让人怀疑，汪晖自己也不清楚因与果的关係。

文化与政治

我们可以总结一下：汪晖所理解的“政治”是将一个动态的、非本质主义的、强调主观能动性的、使主体置于复杂关係之中相互博弈、对抗与转化的领域。这些不仅是政治的定义，甚至可以说是汪晖自己的方法论本身。章永乐在对他的《现代中国思想的兴起》进行评论时写道：“每当面对一个二元对立时，汪晖的典型思维方式是避免非此即彼的选择。他对二元对立似乎有一种本能的反感，更偏向于在中间地带建立关联。对他来说，静态的对立通常会错失历史的复杂性，而他试图解构这些对立，将历史的动力学从坚硬的概念框架下解放出来。这一本能帮助汪晖发现新的问题，设定新的议程。”

因此，对于汪晖来说，“政治”的表现形态有：政治辩论、理论探索、社会自治、党－国体制内的政治斗争（汪晖对“党－国”有特殊的用法，我们会在后面讨论），以及政治组织和言论领域的空前活跃；而“去政治化”则表现为：消解社会自治可能性的两极化的派性斗争、将政治辩论转化为权力斗争的政治模式、将政治性的阶级概念转化为唯身份论的本质主义阶级观。

在对新文化运动的一篇文章和一个访谈中，汪晖对“政治”的用法又有了一定程度的拓展。这两篇都出现在 2009 年，正是他刚出版《去政治化的政治》的第二年。文章是〈文化与政治的变奏——战争、革命与 1910 年代的思想战〉（结集出版两次，名字均有改动），访谈是〈什么是“五四”文化运动的政治？〉。在里面，“政治”不仅具有本节开头所说的特征，而且还体现了和别的领域的联系以及相互转化的可能性。

在〈文化与政治的变奏〉中，汪晖讲到陈独秀为什么要以一种与政治断裂的方式来介入政治，引用了一段陈独秀的话：“我们不是忽略了政治问题，是因为十八世纪以来的政治已经破产，我们正要站在社会的基础上造成新的政治；我们不是不要宪法，是要在社会上造成自然需要新宪法的实质。”旧的政治——国家的政治、政党的政治、议会的政治出了大问题，故而要与其决裂，回到社会去创造新的政治的基础，这就是“新文化运动”的宗旨。

在〈什么是“五四”文化运动的政治？〉，汪晖对政治与文化、伦理与价值的关係，进行了较为清楚的论述：

新文化运动中的文化不是一个可以和政治区分开来的范畴，文化和政治的对峙只是一个策略，是陈独秀他们用以介入政治的策略。但这个策略又不仅是策略，因为从文化入手介入政治，意味著要对什么是政治重新开始考虑。这是价值问题，也是评判问题。这也是为什么“态度”在这场运动中居于如此重要的位置。所有的政治都有自己的文化。文化是强烈自主的力量，是创造政治的力量。主义是文化也是政治。如果政党政治，只是结构性的权力，没有真正的主义、思想、价值，只能是去政治化的政治。政治衝突在一定意义上就是价值观的衝突，就是文化思想的衝突。新文化运动一个很重要的贡献，在于它为新的政党政治提供了新的文化基础，在于它为政治提供了伦理内核——政治的核心是伦理和价值，政治对抗和辩论的核心也是伦理和价值。

这里必然牵扯到新左派最喜欢提到的“文化政治”的概念。所谓的“文化政治”，汪晖在同一篇文章里有深入的解释，即在一种特殊的历史环境下，文化本身也是政治，政治通过文化的方式展现，在对社会的文化进行革新的同时，政治的内涵发生了改变，政治的边界得到了扩大，原本是“国家的政治、政党的政治、议会的政治”，现在纳入了“家庭、性别、阶级、语言、文学、劳动”等。在文化运动中，人们不仅提出新的政治问题，也创造新的伦理和价值，这些新的伦理和价值又创造新的政治运动。

在上述的引文里，汪晖再次提到了“去政治化的政治”，那说明他在这里对“政治”的用法与“去政治化”所谓的“政治”的用法是一致的，文化政治里的“政治”与去政治化里的“政治”具有同样的内涵。汪晖也强调在中国的古典词根和拉丁文的词根中，“文化”都是动态的过程，而他的“政治”也是动态的过程，故新文化运动里的文化即“与（传统）政治断裂的政治”，而“以国家为中心”的政治则为“去政治化的政治”，文化与政治是可以相互转化的，政治与别的领域并没有必然的界线。

值得一提的是，这样一种文化与政治的关係，竹内好在《鲁迅》中有过十分类似的表达：“鲁迅的文学，就其体现的内容来讲，显然是很政治化的，他被称为现代中国的有代表性的文学者，也是就政治意义而言的，然而，其政治性却是因拒绝政治而被赋予的政治性。”考虑到汪晖也是研究鲁迅出身，很难想象他从未看过竹内好的鲁迅研究，但不管汪晖在这里是否隐瞒了他对竹内好的“借鉴”，这样一种“政治”的概念，似乎难以纳入“国家主义”的范畴。事实上，在〈什么是“五四”文化运动的政治？〉中，汪晖的一些表达，可能离“反国家主义”还要更接近一点。比如他说，新文化运动的任务是要“在社会的基础上造成新的政治”，以反击以国家为中心的政治，在〈文化与政治的变奏〉中，他甚至这么说过：“将国家作为中心的政治，亦即‘国家主义’政治，是‘去政治化的政治’。”从字面上来说，汪晖对国家主义是持批判态度的。他也说到陈独秀想要通过谈论文化与社会，将政治从“国家与政治完全一致”这个关係中解放出来，那说明汪晖认为建制外的政治要比建制的政治要更具本真性。当然，他这是在民国的语境下谈的，而且他很快就话锋一转：“新政治也不等同于对国家、政党等概念的否定，而是要重新赋予这些概念新的内涵，或者从新的价值出发去规范其政治性。”“新政治”当然就是指后来的革命政治和社会主义政治了，那在新政治下国家与政治是什么关係呢？

政党国家化

这里我们又要回到〈去政治化的政治〉一文。我们前面提到汪晖讲的“党－国”和一般说的“党国”并不是一回事，后者指的是“一党专政的国家”或“一党专政下的国家政权”，但汪晖的“党－国”指的是以政党政治为中心的国家体制，所以在他看来，不管是一党专政还是多党合作甚至于竞争都可以叫做“党－国”。汪晖认为在党－国体系里，政党既是政治组织，也是政治运动，它们的目的是用自身的价值和理想去重塑国家和社会，但随著它们在执政过程中慢慢变成国家体制的主体，政党与它们各自的社会基础的关係逐渐模糊，政党的政治理念与其政治实践的关係也日益缺乏内在连贯性，政党自身在一定程度上沦为国家机器的一部分，于是党－国体制就变成了“国－党”体制。汪晖把这个过程叫做“政党国家化”，政党的社会基础与群众联系逐渐弱化，政党成为“准国家机构”，唯一的功能是凝聚民意，从事选举，同时获得国家的补助款作为选举活动经费。在〈代表性断裂〉中，他说道：“政党国家化是指政党日益服从于国家的逻辑，不但其职能而且其组织形态，逐渐地与国家同构，从而丧失了政党作为政治组织和政治运动的特征。”政党国家化的一个标志是“代表性断裂”，集中表现为政党一方面超越先前的阶级范畴，宣称其代表普遍性，另一方面却与大众，尤其是处于底层的大众更加疏远。这在当代西方和当代中国一样都发生了，所以他才会提到“60 年代的消逝”。

汪晖将仍处于运动中的一党专政与多党政治统称为“党－国”，抹煞了它们之间的差别，这种做法必然会引来争议。有的人认为，即便我们可以同意毛泽东时代有一定程度的政治参与，但西方国家有组建政党的自由，而中国的多党合作制有名无实，更加不能产生新的政党，难以想象没有组党自由的情况下居然可以大谈特谈“政治参与”，而且汪晖似乎还认为毛时代中国的政治参与水准比资本主义下的西方还要更高一点。当他说 60 年代后的中西方体制都可以称为“国－党”时，争议恐怕就更大了。即使西方的政党确实出现了“代表性断裂”，但其多党制基础还在，国家与政党不可能如中国那般同构化。而且看汪晖的〈去政治化的政治〉与〈代表性断裂〉两篇文章里提到西方多党民主制的问题，其实是把多种问题混合成一种来讲（政治趋同、官僚化、议会与市场关係日趋紧密），以前的主要问题和现在的主要问题也未必是同一个问题（比如近年来的政治激化）汪晖的类比，其实是在混淆一党专政与多党竞争的差别，也是将不同的议题混唯一谈。

不管怎么说，他毕竟提到了中国的政党国家化，并对此表达了批判的态度，这说明他确实可能不是一般理解的那种国家主义者。不过即便是这样，汪晖对中国的政党国家化的批判也有很多让人困惑的地方。汪晖认为存在著两种政党国家化的形态：一种是前改革时期的政党官僚化，另一种是在市场化过程伴随政府公司化的趋势而产生的政党与资本的联姻。这里便让人感到费解：将官僚化作为政党国家化的形态是可以的，但“政党与资本的联姻”为何可以称为“政党国家化”？

在汪晖的笔下，新自由主义的泛滥与政党国家化的趋势是相伴相生的，这两者之间有著千丝万缕的关係，所以当他批判政党国家化，其实更有可能是在批判新自由主义。关于政党与资本的联姻，他在《去政治化的政治》里有更详细的描述。汪晖认为，当代中国的“去政治化”，也存在著一个“政治交易”的过程，掌握政治权力的传统政治精英和特殊利益集团、跨国资本进行交易，前者利用自己的权力搞“产权改革”，让后者不公正地佔有大量利益，再在“产权明晰、法制化”等名义下将这种不公正的佔有合法化。因此，“权力精英和资产阶级之间的分界逐渐模糊，政党逐渐从一个阶级性的组织转化为一个去阶级化的组织”，同时，新的社会不平等也被“自然化”了，即被合法化为自然竞争以后的结果。对 90 年代以来“私有化”过程中隐藏的不公正性，秦晖在多篇文章中也有过揭露，我对此并没有太大的异议，但这个过程和政党国家化的关係，汪晖并没有说清楚。如果说政党国家化是政党所代表的阶级越来越不清楚，政党原本所承诺的政治价值与其政治实践越来越脱离联系，那汪晖上面所描述的，就不是政党国家化，而是政党利益集团化，因为它所代表的阶级并非不清楚，而是从无产阶级转向了以特殊利益集团和跨国资本为代表的资产阶级，同样地，它与其原本所承诺的政治价值（社会主义的平等）确实脱离了联系，但它并非没有承诺新的政治价值（资本主义的效率和发展）。

在《去政治化的政治》中，汪晖有一个非常特别的逻辑，即在毛时代，政治与国家、政治与政党、政党与国家之间不仅是分离的，而且处于一种紧张的关係之中，而在改开以后，政治、政党、国家这种分离而紧张的关係就消失了。在我看来，这实际上是转移了问题的焦点。真正该追问的是“政治权力与社会的关係”，而非“政党与国家的关係”。在毛时代，不管政党与国家是一体的还是处于紧张关係之中，政治权力实实在在地渗透到社会生活的方方面面，而改开以来，中国共产党为了激发民众从各个方面发展经济的积极性，倒是给了社会一点自由的空间，儘管这点自由并无太多制度上的保障，且逐渐被收走，但自由派正是在这一层面上支持“去政治化”的。况且，即便毛时代的政党与国家之间处于紧张关係，但这种紧张关係并没有带来汪晖所肯定的言论自由和政治自由；它带来的无非是相互对立相互猜疑的政治权威之间的残酷斗争，所谓的“四大自由”“三代会”等，不过是昙花一现，反倒是军队对国家的影响力在文革期间达到顶峰。

最重要的是，汪晖所的“国－党”体制和“政党国家化”，其实都跟我们一般说的“国家主义”不是一回事，如果硬要类比的话，可能更接近于马克斯·韦伯所说的“理性化”（rationalization）。我们一般说的“国家主义”，至少有三重含义：一，认为国家的意志和利益凌驾于一切社会、经济、文化等领域的意志和利益；二，支持国家的权力扩张以及运作方式；三，国家的目标界定了整个社会的目标，也界定了个人的身份与目标。关于这三点，我们必须放在 1949 以后的政治语境里来看：儘管汪晖认为“以国家为中心”的政治是“去政治化的政治”，但他针对的是民国政治而发；儘管他提过“建立有关市场的民主制度，扼制反市场的力量转化为国族中心主义、国家主义和极权主义”，但他并没有说过这样的民主制度具体是怎么样的，尤其是，这样的民主制度与一党专政如何并存。汪晖批判“政党国家化”，不仅不等于在批判“国家主义”，反而更有可能的是，他在用“国家”作为挡箭牌，通过批判国－党，为国家背后真正垄断政治权力的政党打掩护，“国家”再怎么被发难，中国共产党及其背后的“元神”都毫髮无损。他确实不是一般的国家主义者，他比一般的国家主义者聪明太多。

汪晖的悖论

我们再重複一下前面的判断：上述的歧异并不代表存在一个阶段性的转向，这种矛盾性的论述贯穿了汪晖的各个时期。汪晖的国家主义倾向最为明显的几篇是〈中国崛起的经验及其面临的挑战〉（2010）、〈中国道路的独特性与普遍性〉（2011）、〈东西之间的“西藏问题”（外二篇）〉（2011）、〈二十世纪中国视野下的抗美援朝战争〉（2013），但〈代表性断裂〉成稿于 2012 年 7 月，〈十月革命与中国革命〉写于 2017 年。

对同一个问题，我们能看到他经常有不同的态度。比如他在〈去政治化的政治〉和〈代表性断裂〉里明确地批判“政党和资本的联姻”，而写于这两篇中间的〈中国崛起〉虽然也强调了“政党国家化”所带来的一系列问题，但明显更侧重于表达社会主义国家代表大多数人民利益的宗旨，并且强调中国的改革在金融体制、土地制度、国企制度上始终稳健，没有脱离那个宗旨。

即便在同一篇里，都经常能发现两种倾向并存的状态。比如在批判性最强的〈去政治化的政治〉一文中，汪晖讲到知识份子和社会批判所产生的“去国家过程”并没有提供“重新政治化”的效果，而是被纳入另一层次的“去政治化”过程。“在当代中国，‘反社会主义的意识形态’以一种反国家的表象掩饰了它与新型国家及其合法性之间的内在的联系，从而不过是一种反国家的国家（亦即‘帝国’）意识形态，这种新型国家意识形态本身具有超国家的性质，从而也经常表现为从一种跨国主义的角度抨击‘国家’的立场。”

这乍看像是对“买办主义”的批判，但汪晖有一些话好像在说这种新自由主义的反国家主义，其实还不够彻底，因为他们还并不是真正地反对国家政权，而只是反对国家的意识形态（社会主义）和国家机器，比如说，新自由主义者一边展现著反国家的姿态，另一方面却又要求法制化和制度化，而后者正是国家建构的重要组成部分。在后面他还说：“政治斗争主要集中在由谁来掌握国家政权或国家政权的价值取向为何这一关键问题上，一旦取消国家政权与国家机器的区分，也就等于取消了政治活动的场域和政治斗争的必要性，而将一个政治性的问题转化为非政治的或去政治化的‘去国家过程’。”

我们前面在讲到“政治”的概念时确实一直忽略了汪晖说的第二点，即政治与“领导权”问题具有密切的联系。结合上面这段话，汪晖的意思有没有可能是：光批判国家机器是不够的，还要对政权本身进行批判，甚至光批判也是不够的，还要夺取政权本身？当然，他应该也并不支持新自由主义者夺权，因为那样建立起来的社会，依然是“去政治化”的。那倘若有这样一批人，他们既想建立一个有广泛民主参与的社会，又不让市场和资本介入这种民主，这样的一批人去夺权，汪晖是不是会支持？如果是的话，那汪晖的立场大约和纳粹上台前的德国法学家施米特有异曲同工之处。施米特曾经提醒魏玛政府，要动用政治决断，将纳粹这种反宪法的政党除去，否则魏玛共和国终将难以保全，最后纳粹上台，他没有太多心理障碍就接受了纳粹的统治，因为在他看来，希特勒才是那个敢于决断的主权者。施米特并不是一开始就支持纳粹，他只是想看到有政治决断力的担纲者，谁有政治决断力他就支持谁。类似地，汪晖对于现政权也未必有多认同，他只是想看到“政治”，谁能让“政治”复归他就支持谁。

这个推测有一点大胆。在对这个推测有进一步评论之前，我们先来看看汪晖对另一种国家主义的态度。这也方便我们对他的立场有一个更全面的理解。这种国家主义就是《东方杂志》1910-1920年的主编杜亚泉的国家主义。杜亚泉的国家主义，和我们在“政党国家化”一节的定义并不完全吻合。综合杜亚泉的几篇文章和汪晖的解读，他的“国家主义”有以下含义：一，以国家为中心，将国权置于个人权利之上；二，捍卫国家的统一与独立；三，关注国家自身的连续性；四，中国不是一个简单的民族国家，而是一个文明国家。如果要说汪晖是一个国家主义者，那汪晖可能更接近于杜亚泉这种意义上的国家主义者。

杜亚泉用他的国家主义来反对“政治主义”，这种政治主义与汪晖所说的“政治”没有太大关係，指的就是民主宪政主义，即以政府为中心，以改造国家内部环境为重心，讲究群己权界，伸张民权，限制国家权力。在杜亚泉看来，以民国当时的处境，倘若过于强调“政治主义”，则国家难免产生内部分裂，外敌也会乘虚而入。其时的首要任务，是保全国家，一方面是保全中国的领土，另一方面是保全中国的文明。

另一边，杜亚泉又是陈独秀的论敌，在“东西文明能否调和”上打过多次笔仗。但值得一提的是，陈独秀所批判的“以国家为重心”的政治，和杜亚泉所批判的“政治主义”，都有同一个靶子，那就是议会政治和政党政治，在这一点上，他们并无太大异议。他们的分歧，在于中国的未来应该往何处去。杜亚泉认为，中国不需要盲目崇拜和照搬西方的政治模式，而应该结合自身的文明传统，探索出适合自己的政制。而陈独秀考虑的是如何通过文化上的革新，创造出新的政治主体，新的政治问题，新的政治价值，新的政治伦理。

这两者都是汪晖所赞许的，前者体现在《中国现代思想的兴起》，后者则体现在《去政治化的政治》《世纪的诞生》等文集中。汪晖对于杜亚泉抱有相当大的同情，对其著墨之处明显多于陈独秀。他评论杜亚泉的一些话，隐隐然有自我代入之感：“政府之大小问题既不能放置在传统与现代的二元关係中讨论，也不能放置在民主与专制的二元关係中进行分析，而只能放置在现代政治自身的危机中加以考察。”更恰当的说法是，他的立场像是对陈独秀和杜亚泉的一种综合，或者说，“进则陈独秀，退则杜亚泉”。并非巧合的是，杜亚泉本人就曾提出过调和的思想。比如 1918 年，杜亚泉发表〈矛盾之调和〉，其中提到：两种对立主义之间如果存在某些相似或重叠，即可使之调和（如社会主义与国家主义）。在〈新旧思想之折中〉，杜亚泉又断言“新文明将诞生于中国传统与 20 世纪欧洲新文明的调和之中”。借用黑格尔的术语，如果说杜亚泉和陈独秀是正题和反题的话，那合题应该是从杜亚泉这一边产生的。

进步主义者如何对待汪晖的“遗产”

在〈中国“新自由主义”的历史根源〉一文的开头，汪晖有这么一段意味深长的话：“针对新自由主义的理论实践和社会运动包含了各种相互矛盾的要素——激进的、温和的、保守的要素。在我看来，当代中国社会的进步力量的主要任务就是避免这些要素向保守的方向（包括那些试图回到旧体制的方向）发展，并努力促成这些要素的转化，使之成为在中国和世界范围内争取更为广泛的民主和自由的动力。”

这篇文章写于 2000 年，值自由主义与新左派论战正酣之时，从引文措辞来看，汪晖自诩为“进步力量”的一部分。20 年过去了，自由主义内部分化成保守派和进步派（尤其在川普败选之后），进步派的自由主义者在许多公共议题上的立场与女权主义者、新生代的左翼更为接近。那么，这些广义的进步主义者要如何对待汪晖的论述？

这里不得不提到 2018 年佳士运动中短暂地出现在历史舞台的那批毛左青年。在文革这个问题上，他们与汪晖的立场十分接近，比如他们认为文革的发起是毛为了解决党内官僚化日趋严重的问题，文革是反对血统论和唯身份论的，文革的“四大自由”和大民主要比西方的宪政民主制度更优越，整人和武斗不符合文革的精神……他们对未来的政治筹画大抵也与汪晖在《去政治化的政治》一书中表达出来的倾向类似：抵制政党和资本的联姻，让工农阶级真正地当家作主。但他们对于现政权的态度要比汪晖明确得多，也果断地将自己的理念付诸实际行动。其他进步主义派别未必认同他们对历史的诠释和对现状的判断，但对他们言行一致这一点，基本都是认同的。

汪晖对文革的诠释，与历史事实有关的部分可以交由历史学家去辨析，我们在这里只讲理论层面的问题。首先正如我们在前面所说，他的“阶级”概念并不明确，儘管他做出了抽象的说明，也给出了例子。一方面，他在〈去政治化的政治〉一文以及其他多篇文章中反对阶级概念的僵化，并认为这使得文革开始走向去政治化；另一方面，他在多处地方对政党的阶级代表性日益模糊作出批判，认为这种国一党体制是去政治化的。

这就让人很困惑了：如果不存在一个相对清楚的判断一个人的阶级归属的办法，如何能确定某个政党的阶级代表性已经变得模糊？如果存在这样的一个办法，那阶级概念又是因何变得僵化？既不能模糊，又不能僵化，这其中的度如何把握？我们并不是质疑汪晖本人有做出这个判断的能力，但他并没有很清晰地讲出来该如何判断，我们也不质疑有这样的一种判断的方法存在，但问题是，这种方法很明显不能让普通群众轻易地掌握，或即便大部分人掌握了，判断上也肯定会出现分歧，这种判断上的难度和分歧，难道不也会让阶级斗争走向暴力化吗？同样一个人，有些群众判断他是剥削阶级的一员，另一些群众判断不是，判断“是”的人决定诉诸暴力，因为“革命不是请客吃饭”，这个汪晖要怎么说？

归根到底，汪晖也没有将阶级概念僵化如何导致暴力说清楚。一种可以设想到的情况是，一个按照一般的阶级归类法会被归为剥削阶级的人，倘若将其阶级意识和以及他和其他阶级主体关係考虑在内，或许就被归为劳动人民的一分子，这样他就不应当遭遇到暴力。但汪晖没有想到，倘若将阶级意识和以及他和其他阶级主体关係考虑在内，那一个原本被归为劳动人民的人也有可能被归为剥削阶级，从而遭遇暴力对待。

汪晖当然也表达过反对将阶级斗争诉诸暴力，因为人是可以改造的，用暴力就等于否定了人的主观能动性。如果汪晖的意思是反对一切在阶级斗争中诉诸暴力的行动，那这在马克思主义传统里不太容易站得住脚，因为革命导师们并没有完全反对暴力，毛泽东那段完全的话是："革命不是请客吃饭，不是做文章，不是绘画绣花，不能那样雅致，那样从容不迫，文质彬彬，那样温良恭俭让，革命是暴动，是一个阶级推翻另一个阶级的暴烈的行动。"当然，我们绝对可以想到一些说辞去对这段话进行限定，但还是那个问题：普通的劳动人民怎么去判断什么时候才可以诉诸暴力，什么时候不行？

这就是为什么路线斗争总容易演变成充满暴力的派性斗争，因为对阶级的判断里充满了各种主观性，革命时代的人们，总是很容易把那些与自己观点对立的人判定为阶级敌人，而对于什么时候能对阶级敌人使用暴力，什么时候不行，这里面的判断一样充满了主观性。我们不否定这样一种可能性，即那些具有革命者人格的人是可以做出准确的判断的，但当伟大领袖把这种权力下放给普通的老百姓，那有什么能保证他们每一次都能做出正确的判断？所以汪晖那种"不僵化"的阶级的概念，在根本上无法避免让阶级斗争走向暴力化。

这就可以解释为什么汪晖会用"去政治化"来解释文革的失败，因为他根本给不出真正有说服力的解释。"去政治化"这个概念之所以能在学界和部分公共舆论界流行，因为它确实把握住改开以后的一个重要趋向，但用它来解释文革的失败，那就纯粹是滥用了。阶级斗争扩大化，根源是阶级概念的"去政治化"，文革走向暴力，根源也是"去政治化"，那为什么会"去政治化"？汪晖没有任何解释，因为再解释下去，就要触碰到他的根本立场了。"去政治化"在文革的这条因果链中就是一个冗馀的概念，用了奥康姆剃刀以后，这条因果链也没剩下什么有价值的东西了。

与其说用"去政治化"来解释文革的失败体现了某种与自由主义不相容的洞见，不如说这代表了一些左翼不愿正视他们的理论和现实的巨大落差，不愿直面他们的理论付诸实践所造成的惨痛教训。如今"去政治化"这个概念的普遍用法与汪晖的原意已经有所差别，除了本文"去政治化的政治"那节说的"去意识形态化"和"去阶级斗争化"，有时也会指抛开政治权力的因素来讨论问题。对于这种概念运用上的演变，我们不妨将错就错，继续沿用，但不必打包接受汪晖对"去政治化"所赋予的理论使命。

在我看来，汪晖最有贡献的部分，在于他的"政治"概念。强调"政治"概念的学者，远的有施米特和阿伦特（Hannah Arendt），近的有罗尔斯（John Rawls）和尚塔尔 •墨菲（Chantal Mouffe），汪晖的"政治"概念与他们的有相似之处，但又不太相同。除此之外，我们也能在陈独秀、毛泽东、葛兰西和哈贝马斯那里，找到汪晖的"政治"概念的影子。

汪晖的"政治"概念，概而言之，有四点，除了他自己总结的"主观能动性""领导权""政治主体间的关係"以外，还有"动态联系"。汪晖对主观能动性的强调对应著他对政治参与和社会运动的重视，这个与阿伦特的"政治"概念类似，阿伦特的"政治"概念几乎和公共性的"行动"是绑定在一起的。与后者不同的是，汪晖的"政治"概念并不独立地形成一个领域，更没有与社会的其他部分区隔来开，这一点在他论述陈独秀的主张时得到充分的体现。汪晖讲到"政治"要重视领导权的问题，无疑受到葛兰西的影响，但隐约也能看到一点施米特关于主权者讨论的痕迹。"政治主体间的关係”包括“敌友关係”和“对话关係”，“敌友关係”当然受益于毛泽东和施米特的论述，而“对话关係”则有阿伦特的交往性行动和哈贝马斯的交往行为理论在前。至于“动态联系”，这是我帮汪晖概括出来的，在他论述“阶级”概念以及陈独秀对“文化与政治”的看法时，都可以看出汪晖的“政治”概念是讲究动态联系的，即一方面不做本质主义的判定，另一方面又强调它与其他领域的可转化性。这就是为什么我认为他的“政治”概念背后有他一整套方法论的精神。

既然对政治动能性的强调是汪晖“政治”概念的重要部分，那便涉及到一个极其重要的问题：如何理解汪晖关于政治参与和社会运动的论述？在〈中国“新自由主义”的思想根源〉里，他有这样一段话：

> 在这里，特别需要探讨的是如何通过社会运动和制度创新之间的互动关係形成民主的监督机制，从而不是一般地依赖国家监督新贵阶层，而是通过各个不同层次的民主机制阻止国家擅权和地方集团的腐败。在这个意义上，通过何种力量和何种方式在各个不同层次形成公共空间是极为重要的。在我看来，这一混合制度必须建立在一个基本前提之上，即普通公民通过社会运动、公共讨论等形式在不同层次推进关于公共决策的公开讨论。在这里，社会运动与不同层次的公共空间的形成是一个特别重要的中间环节，即公共讨论和社会运动不仅发生在全国性的公共空间之中，而且也发生在各种地方性的公共空间之中，从而使得普通公民能够在公共范畴中发现与他们日常生活安排密切相关的社会议题。

这一番话我是支持的，任何一个对国家主义持批判立场的人都不会不支持。在〈去政治化的政治〉一文中，他说：“在今天，对任何权力的分析都必须置于一个权力网路的关係之中，从任何一个单一方向上将自己塑造成反对者都是可疑的。”这不就是第三波女权主义讲的“交叉性”（intersectionality）吗？要注意到阶级、性别、种族、性倾向等多个维度的压迫存在交叉叠加的可能性。在〈代表性断裂〉里他又说：

> 说今天不存在 20 世纪意义上的阶级政治，并不意味著不存在活跃的阶级运动和公民政治，这些运动以不同的形式介入政治的、经济的、生态的和文化的议题。社会运动具有政治潜能，但未必能够产生新的政治，原因是在金融资本主义条件下，社会运动也常为资本体制所渗透。

要警惕市场和资本对社运的渗透，这也没有错。

他说的话孤立地看都没有错，但如果我们注意到他上面那些话的语境，就会发现，他对政治参与和社会运动的强调，都是在批判新自由主义的语境中展开的，他几乎没有在谈到国家的压迫性时提及政治参与和社会运动，也甚少谈到为了保障人民有进行政治参与和发起社会运动的权利，国家需要建立什么样的制度。而且上一段引用的两句话，带著一种对“完美抗争者”的苛求，他似乎在说，只要你不是全方位的反对者，你就不算一个反对者，你的运动只要有任何一点资本参与（比如福特基金曾经资助过中国的一些非政府组织），你就不是真正的社运。

最严重的是，汪晖从没有想到，在当下的中国，国家本身正在成为多维度压迫的核心。带有自由主义色彩的维权律师和公益组织可能不是汪晖同情的对象，那他是否知道 2018 年以来，女权组织和宗教团体也逐渐成了政治打击的对象，这些组织的领导者，有的被迫流亡，有的身陷囹圄。今年变本加厉，在中国的公共平台上，有一大批女权行动派的帐号被封禁，LGBTQ 社团也被全面噤声。不仅如此，连与汪晖立场最为接近的左翼社团和左翼青年，也在 2018 年的运动被镇压以后消失在公共领域。如果汪晖是个真诚的批判者，那他为何对上述情况表示沉默？

我个人认为，汪晖的沉默，不仅仅在于他的左翼立场不够真诚，还在于他对中国共产党寄予了过大的希望和偏爱。在汪晖看来，中国共产党不仅是共产主义理想在现世的唯一可能载体，而且还是接续帝制中国和社会主义中国的唯一可能力量。汪晖同时代的“国家主义者”也有用理论接续帝制中国和社会主义中国的野心，但汪晖和他们的进路并不完全一样。甘阳曾提出“通三统”，即儒家、毛泽东、邓小平三统，但对于三统如何打通，他讲得十分笼统。另外有一些学者，如刘小枫、康晓光、贝淡宁（Daniel Bell）认为中国共产党领导的核心在于“贤能政治”（meritocracy），帝制中国所推崇的也是一种贤能政治，这便是文明接续之所在。而汪晖对于社会主义中国的认可，固然有反帝国主义和现代化这些内容，但他最心心念念的部分，是土地革命、人民战争和文化大革命，从表面上来说，这些与中华文明的政治传统不仅难以相容，甚至相互排斥。这也是为什么，他的国家主义同道基本上都对文革持负面看法。

然而，如果说汪晖这条进路是有可能成功的，即将帝制中国的传统与社会主义中国最具革命性的部分打通，那只能借助竹内好的理论。事实上，我认为汪晖目前的工作都是在按照竹内好设定的思路上前进，后者在多篇文章中表达过“只有自我否定才能让自我再生”的理念。他在讲到自己为什么要解散中国文学研究会时说：“对我而言，研究会该是不断成长的。它永远要不断地自我否定。不包含死的生，不发出疑问的思想，不以自己本身的力量完成生成发展的文化，这一切对于我而言是毫无意义的。”在另一处，他又说：“只有通过行为，只有依靠自我否定的行为，创造才会发生。”

竹内好对中国的近代化（现代化）评价很高，而反过来认为日本近代化是失败的。日本近代化的失败，在于太轻易地接受了欧洲近代的理念，没有经过实质的抵抗，以至于失去了“主体性”，失去了“理想”。相比之下，中国虽然有一百年的时间沦为半殖民地，但却有“高远”的理想，对欧洲近代的理念做出了真正的“抵抗”，这种抵抗的极致体现就是鲁迅的文学。用他的术语来说，近代的日本是“转向”，而中国是“回心”。“如果说转向是向外运动，回心则向内运动。回心以保持自我而反映出来，转向则发生于自我放弃。回心以抵抗为媒介，转向则没有媒介。”

一般认为，日本在近代化过程中保留了更多本民族的精神传统（比如武士道）、国家建制（天皇制）和生活方式，所以它并不是全盘的西化，但竹内好不这么看。他认为，日本文化是转向型的文化，正因为它近代以来没有发生过革命这样的“历史断裂”，所以也不曾有过“割裂过去以新生，旧的东西重新复苏再生”这样的历史变动。“在日本，新的东西一定会陈旧，而没有旧的东西之再生”。不管竹内好对中日两国的近代化的理解是否准确，但其思路是相当明显的：如果我们“在割裂过去以新生，旧的东西重新复苏再生”的意义上理解中国的革命（包括土改、人民战争和文革），或者说，如果将社会主义革命视作中国通过自我否定来达到自我重生的“媒介”（在竹内好那里，中国的这个媒介是鲁迅），那在理论上，这样的文明接续似乎是说得通的。表面上中国的革命是对帝制中国的否定（反封建），实际上，中华文明只有通过全方面的社会革命，才能重获新生，且这样的现代化，是从内产生的，是具有主体性的。

汪晖并没有在自己的著作和文章中将这个思路言明，相比他的同道们从帝制中国和社会主义中国找寻相似性的土办法，这一进路似乎是高明的，但也有弊端。竹内好是一个纯粹的学者，但汪晖是一个左翼学者，这是两者身份最大的不同。并不是说纯粹的学者就没有政治立场，而是说他的立场和理论可以不指向任何的政治行动，但左翼学者，尤其是汪晖这种对政治能动性如此强调的左翼学者，不能仅限于“解释世界”，还要“改造世界”。用“自我否定以自我重生”来接续帝制中国和社会主义中国，这个过程中，“革命”是媒介，是这个历史理论的一个环节，理论完成以后各个环节就固定下来了，同样地，“革命”也固定下来了。对中国革命的讨论变成一种怀旧，对革命者人格的呼唤变成一种“向先烈致敬”，逐渐地“静态化”“景观化”了，全然丧失了他所强调的“政治性”。

结语

在本文结束之际，必须澄清一些观点：首先，我并非纯粹站在自由主义者的角度去批判新左派，事实上，我赞同汪晖所说的，自由主义 / 新左派的二分没有太大的意义，自由主义内部确实可以区分出进步派和保守派，新左派的许多问题意识也值得继承。但我不认为国家主义 / 反国家主义的区分是虚假的，正如我前面所说，国家已经成为多维度交叉性压迫的核心，否定这些压迫的存在，或者为这些压迫辩护，都需要相当高明的理论来支持。事实上，我认为任何一个严肃的当代中国政治的讨论者都不能迴避这个问题，致力于消解国家主义 / 反国家主义的区分，或者将这种区分还原为左 / 右之争，都是缺乏深度的。

然而区分国家主义与反国家主义，不是说要把任何一个参与公共讨论的人，都硬性地划分为国家主义者或反国家主义者。汪晖便不是一个可以简单地归类为国家主义者的人，比如他对官僚化以及权力和资本的交易是批判的，对言论自由、组织多样化、政治参与和社会运动是持肯定态度的。然而他的许多论述是暧昧不清的，甚至是自相矛盾的，这里面当然有他的方法论的原因，但他对于反对者的苛求与对于执政党的宽容，他“景观化”的左翼立场和他拳拳的接续文明的野心，确实形成了鲜明的对比。这不仅使得他的“批判性”话语容易被整合进总体的维稳机制之中，失去大部分的批判效力，而且对于进步力量的“政治化”不能起到任何提纲挈领或鼓舞人心的作用，只会让里面的人产生意念上的迷失、方向上的错乱。

我们在“汪晖的悖论”一节中提到杜亚泉的“国家主义”，如果要说汪晖是个国家主义者，那他应该更接近杜亚泉的这种“国家主义”，即一方面要中国的独立统一，另一方面要中国的文明接续。如果说陈独秀涉及的是“文化政治”，那杜亚泉涉及的是“文明政治”，而当代中国新左派所主张的“文化政治”，其实已经综合了陈独秀的“文化政治”和杜亚泉的“文明政治”。如果说谁有可能完成那个接续中华文明的理论使命，那汪晖也是有力的候选人之一。这样一种使命降临到汪晖的身上，革命、左翼立场、进步主义对他来说，除了作为他理论内部的花瓶和摆设，还会有其他功能吗？

汪晖可能是真的反对政党国家化，或政党与国家的合一，但他没有考虑到的是，不管政党和国家是否合一，只要没有一个对政治权力的运作进行约束且保障人民基本政治参与权利的制度，那来自政治权力的压迫就必然会产生，而汪晖所崇尚的政治能动性，要么不会出现，要么会与暴力同时出现。政党与国家的分离，儘管也是政治能动性的条件之一，但并不是关键，没有制度性的保障，政党与国家的分离，则会逐渐走向派性斗争和暴力衝突，而政党与国家的合一，则会镇压一切不同的声音，所以无非是在全面衝突和全面压制之间迴圈而已。汪晖妄想通过一个“去政治化”的概念，避开根本制度上的反思，这正是左翼版本的“掩耳盗铃”。

如果汪晖有一套政治理论的话，那他的理论在根本上是“去政治化”的，即便按照他自己对“去政治化”的定义也是如此。

左派的认知困境导致的道德困境

——关于以色列灭杀哈马斯的思考

弘 二

教堂著火，消防队灭火。这是常识，没有人会反对。灭火会殃及教堂内物件乃至珍贵文物，是无奈的选择。这也是常识，没有人会质疑是否要灭火。可是，围观吃瓜群众中有人忽然高喊：灭火可以小心不要殃及其他教堂物件。甚至有人示威游行：必须关掉灭火水龙头，否则教堂内器物家具很可能被水冲坏，这涉嫌毁坏文物罪。这火灾到底救还是不救？救，大概率会殃及教堂内器物乃至贵重文物；不救，整座教堂都可能烧成灰烬——更不存在所谓的贵重物品、文物了。按常识、按人的理性权衡利弊得失：当然是救火，哪怕冒着损毁部分贵重物件、文物的风险。可是，世上还是有另外一种奇葩的声音：救火与保护教堂物件必须两全其美。否则就是大逆不道。这社声音是不是很熟悉？是不是和某大国“领袖”的“既要……又要……”的逻辑很相似？——这是一个象征故事。

2023 年 10 月 7 日，哈马斯突袭虐杀掳走以色列平民外国游客惨案，西方左派的德行就像极了教堂火灾中龇牙咧嘴声势滔滔的看客，他们不是首先对恐怖组织哈马斯令人髮指的暴行进行强烈谴责，而是强烈谴责受害者以色列的报复伤及无辜。还有不少生活在西方国家无原则袒护的伊斯兰激进分子、袒护巴勒斯坦的穆斯林与西方左派同情者再一次沆瀣一气——他们之中有的人用自以为是的道德优越感嘉许自己；有的人用高尚的人道精神掩护自己的宗教信仰身份；有的人以幼稚肤浅的认知麻痹自己，实则他们最终是害人害己。

下面是两则真实故事——多年前，意大利作家、和平主义者和活动家维托里奥·阿里戈尼(Vittorio Arrigoni)于 2008 年移居加沙。他想以自己行动，引起人们对巴勒斯坦人的关注。他被哈马斯盛情接待。但在 2011 年，极右保守/反民主自由的哈马斯，认为他的生活方式与哈马斯格格不入。随后，他在加沙被绑架并惨遭谋杀。最近的故事。一个典型的以色列犹太左派的故事：施罗米·艾拉德尔是以色列左派记者，多年来一直致力于报道加沙人的“苦难”，批评以色列政府，并且与巴勒斯坦“和平主义者”保持联系，要求以色列跟巴勒斯坦人谈判，实现和平。10 月 7 日大屠杀发生后，他给“巴勒斯坦和平人士”打电话问事情何以至此，巴勒斯坦人回答说：“只有你们这些蠢货犹太人不懂，当恐怖分子闯进犹太社区时，他们眼中根本没有小孩子，都是牲口！”现在他在採访中哭着说：“没什么可谈的，跟纳粹有什么可谈的？今天的我已经不是三周前的我。”

事实上，这类故事在西方可以说不胜枚举。他们往往需要自身受到伤害、付出代价后才会被野蛮打醒——虽然并不是每一个人都有机会醒来：如上述以色列犹太左派施罗米·艾拉德尔。我以为，如果文明和知识不能让人变得聪明并具有更强大的判断力，那么如同不带刺的玫瑰被糟蹋蹂躏是必然的。

此外，我觉得特别要警惕的是那些装扮成理中客立场的左派。因为他们顶着理性和道德高地的光环最具欺骗性。一方面，他们口头上对哈马斯的谴责往往是出于理性的算计——免受冷血的道德指责，便于继续披着同情弱者的面纱僭居道德高地，可他们内心对巴勒斯坦及哈马斯的袒护是情不自禁的情感流露。另一方面，他们显摆的是希望人们看到他们智力上、认知上高人一头的优越感，瞧：“我看的比尔等凡夫俗子们深刻——对以巴衝突的逻辑链条我看的比你们深远”。为了占据道德高地，他们甚至放弃了基本常识判断力。至于哈马斯和巴勒斯坦两者的权力甄别、权力构成的性质可以忽略不计或含糊带过。尤其此次哈以衝突究竟谁首先发难、谁事后回击报复的因果逻辑，在他们心中也可以脑筋急转弯的倒置、无视或含糊带过。

然而弔诡的是：西方左派强烈支持附和巴勒斯坦、谴责以色列而不谴责哈马斯的站位立场，与世界上最邪恶的三大独裁专制政权伊朗、俄罗斯、中共国一致通过强烈支持巴勒斯坦谴责以色列实乃暗挺哈马斯的立场如此相似乃至一致，他们会为此感到尴尬难堪吗？他们有没有深思其中的原因及暗含的逻辑是什么？他们的认知能力够不够高攀真正的理性与清醒的理中客位阶？

更弔诡的是：众所周知，以色列不仅是一个科技文化经济极为发达的现代文明国家；尤其重要的它是一个宪政法治民主自由的国家，是世界现代文明社会的一员，是一个有现代人基本人权、有法治保障的正常现代国家。哈马斯治下的加沙有这一切吗？哈马斯在很多国家世界绝大多数人眼里就是一个残暴的恐怖组织。以色列的军队是站在妇孺儿童百姓前面挡子弹的，而哈马斯是把妇女儿童老人当人肉盾牌、把二百多万加沙民众当人质的黑帮罢了。左派们是真看不到这一点（无知）还是假装无视（虚伪的双重标准）？在以色列是有新闻自由监督的，绝不会像哈马斯为了卖惨博取世人同情谋取利益（让哈马斯高层逍遥国外国奢华生活），造假惨案假新闻诓骗世界舆论。这一次哈马斯遭以色列报复打击，谎称加沙城的“阿赫利阿拉伯医院”（浸信会医院）被炸，死伤五百多人。国际舆论哗然。以致拜登总统的中东行程安排店铺受到严重干扰，不得不取消与约旦埃及等国家领导人的会晤。后来证实为是哈马斯自己的火箭弹失败造成的，这个假新闻骗了整个国际社会。诸如此类真“尸袋”装“假死人”及造假儿童受难的场景骗取国家舆论的事件不胜枚举。这一点是不是也很“面”熟？与那个靠谎言暴力立国又继续靠谎言暴力治国的某个大国是不是也很相似？没错，以色列不是一个完美的国家，他不仅有令人反感的极右翼的政客和团体，也有犹太教原教旨主义的哈雷迪教派（约 70 万人）——极端保守抱残守缺，甚至反对以色列立国，与其他犹太教徒格格不入。除犹太人之外，还有 20%的阿拉伯裔人（人数达 177 万，包括德鲁兹派和多数东耶路撒冷阿拉伯人）和 5%其他族裔的人。他们都共同生活在以色列这片土地上，少数族裔在以色列国会都有议会代表。为什么说以色列是一个现代文明社会家，就是因为他是一个不分种族、包容、拥有平等、人权的国家。哈马斯有这些吗？甚至约旦河西岸的巴解组织治下的人民拥有比以色列更好的人权待遇吗？做得更好吗？如果不怀偏见的话，结论是非正邪是一目了然的。

其实，不必要像左派甚至极左搞那么多复杂、玄乎又玄的脑回路，简单一句话——哪让人过的像人、更有尊严、自由、权利就是更好的社会、更好的国家；相反，哪里让人过的人不人鬼不鬼、既无人之为人的尊严又无自由和基本人权就是一个坏的社会、坏的国家。站在好的社会好的国家好的行为一边，谴责坏的社会坏的国家坏的行为，也是一种常识、常道，也是一种人之为人的基本立场。

老实说，西方的左派不是坏，不！他们绝大多数非常善良，有些人爱心泛滥到甚至被戏谑为“傻白甜”的地步。他们是因为认知困境导致的道德困境。具体而言，他们的问题出在部分认知力或部分智力短板、常识缺失问题——从而显得幼稚、肤浅……，西方的左派对人性的邪恶程度认识不足、对中世纪邪教组织的统治者及专制极权独裁者的道德下限认知不足。说白了就是他们对这些人类渣滓可以坏到那种程度，他们没有能力揣度——因为他们一直活在文明的制度、文明的社会、文明的信仰之中，丧失了对人性恶、制度恶、邪教恶的切身体验与想象力。他们总是本能地给弱势者、穷人、底层社会贴上受害者、天然正义、善良的标籤，给强者、富人、社会精英贴上相反的标籤，下意识地认为他们是施害者、不道德的不仁不义之徒。这显然是违背事实和逻辑的幼稚认知。同情弱者是一种值得讚许的美德：一个正常社会就是要让弱势者、穷人、社会底层受到起码公平正义的善待，这也是现代文明体社会理所应当的标配。然而，众所周知，人性的善恶并不以人的社会地位、贫富为区分界限。“仓廪实而知礼节，衣食足而知荣辱”才是历史真实的写照。生活在一个富足文明的社会或更富有的人才有可能是“好人”、善人、是道德高尚者，难道不更合乎逻辑吗？反之，生活于贫困、制度文化落后的穷人，怎么会天然更善良、更有人道精神？这合乎事实和逻辑吗？

二、西方的左派对文明发展史认知不足——人类直到宪政法治自由民主开启的现代社会，才真正摆脱野蛮丛林的前现代传统社会和黑暗的政教合一的神权社会。尊重每一个生命、尊重每一个人的尊严、权利，尊重多元社会，平等、包容多元文化是现代文明社会的标配。而至今仍处在前现代传统社会和黑暗的政教合一的神权社会的人们不一定认可、感谢现代文明的善意和慈悲！他们很可能视现代文明的善意、爱心、包容、尊重为软弱、无能、怯懦的软肋，他们反而利用这一点反过来要挟、祸害文明世界和文明人类。

三、西方的左派的行为是出于伪善和功利算计——因为哈马斯的屠刀没有架在他们的脖子上，哈马斯的子弹也没有穿过他们亲人的胸膛。西方左派们深知，在个人权利受到严密保护的文明世界僭居道德高地，以政治正确的姿态撒娇耍嗲是非常安全的，是一桩一举两得的买卖：除了彰显道德优越感、获得浅薄的虚荣满足外，还可以为行动的无能和认知短板遮羞。

当然，西方左派与恐怖分子及中俄伊朗等邪恶极权势力不同、完全不是一个物种，他们的价值选择、生命路径与目的都不相同，但悲哀的是：他们对人类现代文明造成的祸害其行为言论导致的最终恶果，在本质上说是一样的，殊途同归——这才是最大的悲剧。

网传诺贝尔文学奖获得者莫言说：“让恶狗不再咬你的方法，不是喂肉讨好，也不是躲着他；而是左手棍棒，右手提刀，打不跑，就宰了它，除恶务尽。”网传马斯克语：“文明人强大，会给野蛮人留下生存空间。野蛮人如果强大了，不会给文明人生存的机会。”是否是这两位名人名言不重要，重要的是这些话有道理吗？

当野蛮政权、恐怖暴徒不择手段地扼杀摧毁文明人类时，文明社会是以暴制暴灭杀他们且伤及无辜，还是固守程序正义法则以仁慈宽容的心态泰然受死、把整个世界让给野蛮丛林统治？当世界没有其他更好的出路可以选择，呈现现代文明社会的两难困境时，我们如何选择？把文明和子孙后代交代给这些暴徒暴君坏蛋吗？不！

我选择以暴制暴灭杀野蛮政权、恐怖暴徒，绝不愿把文明世界让给那些我们鄙视的邪恶人渣。不，我们也不需要显摆道德优越感，更不必秀智力上的优越感，现代文明社会当下最紧要的是展现文明战胜野蛮的力量！无论是乌克兰打败俄罗斯还是以色列消灭哈马斯。

不必患得患失地惧怕道德绑架！道德只能绑架有道德感的人，绝对绑架不了没有道德的坏蛋、恐怖分子、独裁暴君！如果野蛮不择手段，文明也必须用他们听得懂的语言不留情打击他们。就像有人说过的那样：“宽恕他们是上帝的事，我们的使命是让他们去见上帝，让慈悲的上帝去决定是否饶恕他们吧。”消防队必须灭火，文明的大厦不可被焚毁！这就是当下我们为文明的未来和后代子孙能够做的最重要的一件事！

影响人们认知的基本方法：洗脑，宣传以及框架构件

虞 平

长期以来，人们对于专制体制下政府对其人民进行强制性的思想改造深感恐惧，这种思想改造也叫做“洗脑(Brainwashing)”。很多专家经过系统研究，试图找出这些专制政权如何通过肉体和心理压力方式改变民众价值观和认知的。其中以上个世纪五十年代美国记者、中情局研究人员爱德华·亨特（Edward Hunter）的研究最为出名，事实上，正是他的研究，让西方世界得以了解“洗脑”这种强迫人们改变价值观和认知的方式。

然而，作为社会性动物的人类无时无刻不在通过信息的吸收和消化，不断认识所处的世界，并矫正或改变著自己的价值观。人们获取信息方式的缺陷和认知能力的偏限也给他们有效认识自己和世界带来了诸多的问题。儘管有很多不同的理论解释了人们如何建立自己的价值观和认知，但是近年来，至少有三种理论比较令人信服地说明了人是如何在信息传播和接受过程中形成或改变了价值观和对世界的认知。

洗脑

“洗脑”原本不是一个具有严格定义的词彙，流行之后更是遭到了滥用。起初，亨特用它指代一种极具身体和心理强制性的改变信仰和价值观的方法，包括使用了酷刑和环境隔离等极端方法，来系统改变个人的价值观的做法。他还特别强调，这种方式基本上是针对个人，而非群体的。洗脑是一种极端的说服形式，通常涉及长时间的心理压迫、恐吓或其他形式的精神控制，目的是迫使个体放弃其原有的信仰和价值观，并接受新的信仰。洗脑通常在极端的情况下发生，例如在囚禁、宗教邪教或极端政治组织中。洗脑往往涉及对个体的强迫和剥夺。

然而，洗脑一词被很多人滥用，他们将任何自己不认同的说教和宣传均视为“洗脑”。这种滥用模糊了人们对于洗脑本质的认识，也忽略了洗脑对身体和心理的强制性。

宣传（Propaganda）

宣传是一种有意的、有策略的信息传播形式，旨在影响人们的态度、信仰和行为，通常为了特定的政治、社会或商业目的。宣传可能会使用扭曲的事实、夸大的声明或情感上的诉求来达到其目的。宣传通常与权力结构、政府或大型组织有关，它缺乏透明度，甚至是在对信息控制的基础上进行的。

框架构建理论（Framing Theory）

框架理论是指通过描述和呈现事件的方式来影响人们的认知和决策。通过选择特定的语言、图像或叙事，以及强调事件的某个方面，或忽略事实的某些方面，从而影响人们对事件的看法，形成特定的价值取向和判断。例如，一个街头运动事件可以被描述为“抗议”，也可以说成是“骚乱”，这取决于描述者希望观众如何看待该事件。框架理论不是试图隐藏事实或真相，而是强调事实的某些方面，通过部分展现真相的方式，使其更具某种道德或价值方面的说服力。最早提出这个理论的是美国社会学家和心理学家格夫曼

（Erving Goffman），他在 1974 年的“框架分析（Framing Analysis）”文章中，借用人类学家贝兹松（Gregory Bateson）的词彙，系统分析了人们是如何通过这种框架性描述来认识社会问题的，从而形成价值观的并做出决策。

其实人类交流自然带有原生态的价值取向。人们通常会自觉或不自觉地把自己的价值判断和视角带入了对客观事件的描述，从而影响受众对事件的看法，而形成一定的价值观，这在一个自由开放的社会也是如此。以最近哈玛斯组织袭击以色列平民事件为例，不同的媒体对事件的描述会因为其所持立场不同，而分别将其描述成“恐怖袭击”，或者是“巴以衝突”。二种描述均没有完全展示事实的全部真相，其相应的受众自然就会受到不同的价值观影响。

上述三种主要的试图改变他人价值观的做法都有其心理学的基础，包括人类的认知缺陷和扭曲等。例如，非常重要的一点是：人们在接受信息时很少有机会进行深度处理（deep processing），而多数情况下仅仅是浅度处理（superficial/shallow processing），这不仅是人们缺乏时间，也由于很多人不具备批判性思维所致。其中，洗脑是一种最爲粗暴、残酷的做法，它契合了心理学中条件反射、思想控制、精神压力以及认知扭曲等认知特点。而宣传和框架理论则不具备洗脑那种强迫特徵，但是宣传手法则故意扭曲事实真相，系统灌输给受众特定观点和价值观。洗脑和宣传在专制独裁体制下更为流行，由于政权的垄断，相对也易于操作。但是更为广泛使用的、不具强制色彩却很容易改变人们认知的是“框架理论”使用，它既流行于专制社会，也普遍存在于自由开放社会，其做法相对隐蔽，不易为人们所察觉。

中华人民共和国建立以来，中共实施过极为残酷的洗脑运动（包括反右和文革运动）和大规模针对大众的强迫宣传，试图在民众心里建立共产党永久执政的合法性，在一定程度上取得了成功。随著改革开放，社会的自由度提升，加上互联网深入千家万户，人们接触到的信息越来越多样，传统的中共洗脑和宣传效应逐渐递减。尤其是八十年代以来，西方现代社会政治理论进入中国后，极大地挑战了中共的传统意识形态。为了因应这种变化，中共一方面加强了意识形态宣传力度，另一方面也针对不同情况继续洗脑（例如对于新疆维族人实施的在技能培训学校强制集中学习）。而更为重要的是：中共运用其舆论工具系统地採用了“框架理论”方法，它很大程度上替代了传统的洗脑和宣传，其效果也很显著。例如，在中共政权性质上，它经常使用框架性语言，将中共描述成民族利益的维护者和民主的倡导者；对外关係上，通常是将中国的困境归咎于美国等西方国家对中国进行围堵的结果，在相当程度上蒙蔽了很多人，也造就他们对中共的认同。客观地说，将中共意识形态的成功归咎为其洗脑的结果是不能解释为何中国存在众多小粉红现象，对于海外中国观察者而言，是应该认真研究中共的“框架理论”及其影响民众世界观和价值取向的时候了！唯有了解中共的语言“框架”体系，我们才能发现问题的症结，并得出有效对策，解构其话语体系。

中共的洗脑与电影

乔晞华

“洗脑”一词是由中国的革新派知识分子提出来的，而且当时是个褒义词。中日甲午战争中，清政府战败，丧权辱国的《马关条约》引起中国人的愤怒，革新派人士呼吁改革变法。维新运动失败后，革新派人士认为，变革失败的原因是，千年旧习使中国人自私自利，一盘散沙，所以他们呼吁要对国民进行“洗脑涤心”。1899 年，李世基发表了《变易国民脑质论》一文，提出“必须洗涤同胞脑质中的千年污秽，以现代社会的模式取而代之”[1]，洗脑的概念正式提出来了。当时的洗脑与“洗心革面”的意思差不多，具有进步的意义。

但是，当洗脑一词经美国记者亨特传入西方以后，该词失去了进步的意义，逐渐成为贬义词。1951 年，亨特发表了一本书《红色中国的洗脑》，影响巨大。洗脑有两种方式：一是物理性的方法如药物。实践证明药物方法是失败的，因为它只能洗去原有的思想，没法用新思想来替代。二是思想性的方法，采用宗教式的思想灌输，效果要好些。

这就涉及另一个与洗脑相关的领域：宣传。“宣传”的最简单定义是：任何改变人的观点或态度的努力。宣传可分为黑、白、灰三类：（1）白色宣传指的是如实标明消息来源，而且信息是正确的宣传；（2）黑色宣传指的是掩盖消息来源或伪造消息来源，所传播的信息是假的、捏造的和欺骗性的，如中共时常引用外电报道，而这些所谓的外电其实是大外宣的分支，往往是出口转内销，以此来欺骗国人；（3）灰色宣传介乎于黑白宣传之间，其消息来源未必完全准确，传播的信息也未必完全正确。

宣传的概念在产生后不久，即背上恶名，它不断地改变名称，最终溶入传播学，成为大众传播的形式之一。电影作为现代传媒最重要的传播手段之一，它的影响是巨大的。当电影、小说、报纸和电视成为政治宣传的工具时，文化就完美地融合进了宣传。

文化受文化政策的影响很大。文化政策是国家对文化进行管理和规范的政治表现。中共文化政策的历史源头是 1942 年的延安文艺座谈会和毛泽东的讲话。中共文化政策的建构始于 1949 年的第一次文代会，可以分为五个阶段。从 1949 年第一次文代会的召开至 1966 年文革爆发之前，可称为中共文化政策的“建构阶段”。从 1966 年《部队文艺工作座谈会纪要》的发表到 1976 年文革结束，可称为中共文化政策的“激进阶段”。从 1979 年第四次文代会到 1989 年 6.4 事件可称为文化政策的“调整阶段”。在此阶段，中共的文化政策相对宽松些。从 1991 年中共出台两个文件，关于文化事业若干经济政策意见，至 2012 年可称为中共文化政策的“转型阶段”。从 2013 年习近平上台后至今，称为中共文化政策的“强化阶段”。

中共的文化政策经历了从强调阶级斗争转向注重经济和加强体制的过程。强化期注重改制和经济并不意味着中共放松对文化的管控，而是因为通过数十年几代共产党人的经营，严密的政治控制已经完全建成。中共历来重视舆论和宣传，

1　参见 Mitchell, Ryan. “China and the Political Myth of Brainwashing” Made In China. 2019, 3, p48-53.

对电影自然不会放过。

“红色电影”和“主旋律电影”，是中共提倡的、能够促进所谓社会主义精神文明建设的电影作品的总称。中共建政后，“主旋律电影”以其特有的存在方式，一直在中共的电影市场上占据重要地位，“主旋律电影”和“红色电影”传达着中共意识形态的思想内涵。

中共一方面用“红色电影”和“主旋律电影”强制推行其意识形态，另一方面对不合其意识形态的影片进行无情的打压和摧残，大量的优秀影片被禁。例如，田壮壮执导的《蓝风筝》、张艺谋执导的《活着》、韩倞和高富贵执导的《天安门》、陈冲执导的《天浴》、王兵执导的《夹边沟》等被中共当局以各种理由禁映。

本文以《长津湖》和《战狼 2》以例，分析中共是如何通过电影来推行其意识形态的。《长津湖》的主要情节讲述志愿军战士伍万里在朝鲜战争中成长的故事。中共几十年来一直不提长津湖战役，是因为此战并未取得真正意义上的胜利。中共志愿军在长津方面由宋时轮第九兵团（约 150,000 人）发起第二次战役，企图歼灭美军第十军下属的第 1 陆战师等部约 30,000 人。中共志愿军虽然人数上占据绝对优势，却因准备仓促、后勤补给困难，遭受巨大非战斗减员。同时，在联合国军的强大炮火和空中支援打击下，志愿军损失惨重。

长津湖一战，中共一个兵团的兵力围住美军陆战 1 师，没有能够歼灭，没有能够击溃，却付出巨大的代价，让美军全建制地撤出战斗，还带走所有的伤员和武器装备，总共有 193 艘满载人员及物资的船只退回南韩，其中包括 105,000 名士兵、98,000 名平民、17,500 部车辆及 350,000 吨物资被送往釜山。在撤往釜山的船上，包括后来成为南韩总统的文在寅的父母。

中共掩盖事实、丧事当喜事办的手法在该片中表现得淋漓尽致。影片对朝鲜战争的真正起因——北朝鲜无端挑起战争——只字不提，再次重弹“保家卫国”的老调。而中共不顾下级官兵的死活，致使很多官兵在极端严寒中没有御寒衣，被冻伤甚至活活冻死的悲剧却被描写成英雄之举。甚至编造出志愿军用火箭筒打飞机，在战场上抢走美军坦克与之飙车、并以炮弹打偏对方射来的炮弹，用卡车载着标识弹诱使美军飞机轰炸自家坦克等，离奇而又违反军事常识的闹剧。如果作为娱乐片，这些荒诞不经的桥段可以理解，而作为以历史背景为题材的严肃片，这样的安排就显得不可思议了。

尽管该片粗制滥造、赶工痕迹明显，质量不尽如人意，但是在国内的效果却出人意料得好。影片《长津湖》累计票房近 57 亿，成为中国内地票房最高电影，并刷新多项中国影史纪录。该片在国内上映后好评如潮，评分竟达 7.4 的高分。很多国内观众认为，该部影片场面震撼宏大，摄影很有新意，剧情起伏有戏剧化，值得一看。还有观众从民族情感方面点评，认为那些牺牲在冰雪中的战士，不应该被遗忘，后辈一定要牢记前辈为保家卫国做出的牺牲。中共洗脑的目的达到了。

如果说影片《长津湖》是基于史实的故事片的话，那么由吴京执导的《战狼 2》则是没有根据的瞎编了。该片虚构中国军人在国外的故事。冷锋送战友的骨灰回老家，将坏人踢成重伤。因此被开除军籍、判刑。后来，冷锋在非洲被卷入某非洲国的动乱，他率众人逃往中国大使馆。撤离到中国海军舰船上后，得知有中国工人被困，冷锋只身前去营救，几经周折解救出工人。

该影片以“犯我中华者虽远必诛”为口号，臆想中国军队在海外远距离执行任务，保护国民震慑敌人的能力。有观众看完后说道：中国人就该这样！得让老外知道一下我们的厉害！还有观众评论，中国军队让中国公民自信心满满，冷锋式的好男儿让中国人走到哪儿都心里有底。

如果仅从互联网和影视剧看，中国现在无疑是最有血性的时代。不少人一开口就是民族的生存、国家的安危与世界的格局。网络上总是热血沸腾，今天灭日本，明天干美帝。但一触碰到现实，一走出电影院，一离开互联网，面对眼前的社会，中国人就怂了。

有人评论，这是极度的精神分裂，这种分裂不仅是导演和整个制作团队的问题，也是中国国民现状的一种反映。打着爱国主义的旗帜，其实是民族主义的心态。民族主义的崛起是因为长期以来中国一直陷于一种民族自卑。如果是一个非常自信的民族，它就不需要用这种方式强调自己牛逼。越是强调自己牛逼的，都是内心非常深刻的无法摆脱的自卑。

影片《战狼 2》不由使人联想起发生在华侨身上的悲剧。1975 年，中共支持的红色高棉（即柬共）攻入金边，各国外侨纷纷到自己国家的大使馆躲避。其中最多是美国侨民，他们乘坐直升机到停在海上的美国军舰，撤离柬埔寨。金边的华侨更多，他们涌到中国大使馆前，但是大使馆大门紧闭，室内窗帘落下，任凭华侨涌在门前叫喊，使馆人员充耳不闻。后来，约 20 万-30 万华人被柬共屠杀，无数华人开始大逃亡。部分华人侥幸逃到泰柬边境，过境后，他们拉起横额，“宁做美国狗，不做中国人！”

1998 年 5 月 13 日至 15 日，印度尼西亚发生震惊世界的大规模有组织的、极其残暴的排华暴乱，首都雅加达市内有 27 个地区发生暴乱。暴徒们惨绝人寰的兽行令人发指，整个雅加达恰如人间地狱。据不完全统计，不到三天的时间，仅印尼首都雅加达就有 5,000 多家华人工厂、店铺、房屋、住宅被烧毁，2,000 多名华人被杀。同时发生在梭罗、巨港、楠榜、泗水、棉兰等地的类似暴乱所造成的华人生命财产损失更是无法估量。

美国、加拿大、台湾等国和世界各地的华人民间组织纷纷表示极大的惊骇和愤怒，严厉谴责印尼政府，要求印尼政府迅速查清事情真相，对犯罪分子绳之以法，保护华人的合法权益，并对受伤的华人妇女表达了深切的关怀。

而中共对印尼的态度却是“不干涉印尼内政”！中国大陆所有媒体一律禁止发表印尼“排华”事件，网络上出现的有关内容也多遭删除，北京大学学生组织的抗议行动被制止。对印尼的野蛮行径采取不报道，不谴责、不干涉的态度，甚至如期送给印尼政府四亿元贷款，使本来惊恐万分的苏哈托大受鼓舞。不仅如此，中国国内的各大报纸也似乎断绝了消息来源，对印尼发生的暴行非常陌生，好像印尼华人血管里流的不是中华民族的血液，摆出一副莫管闲事的姿态。最后，还是美国武力出面，阻止印尼惨无人道的屠杀行为，派出军舰从印尼接回大量华人。被救的印尼华人在抵达美国时，在船上打出了“宁做美国狗，不做中国人！”的横幅，成为中华民族历史耻辱与羞愧。中共的丑行狠狠地打了《战狼 2》的脸！

我们一般认为，受宣传者都是受害者，专制政权蒙蔽民众。然而根据传播学理论家埃吕尔的观点，受宣传者不是无辜的受害者，受害者是主动接受宣传的，并从中得到满足感。没有受害者的认同，没有公民对宣传的需求，宣传本身是无法进行的。换句话说，中国大陆的大众文化，为中共的专制政权提供了宣传基础。中国人民需要再一次的“洗脑”，才能真正地融入世界。

目前，中国与西方世界的对峙是一场不对称的博弈。西方自由国家受文明的约束不会毫无顾忌地行事，而专制的中共却可以为所欲为。这就像两个摔跤手，一个是被绳索捆绑的大汉，另一个是手脚放开的流氓，前景令人担忧。现实需要我们制定出有效的方法和措施来破局。

反洗脑

——民运思想界的历史责任

裴毅然

所谓“洗脑”实质：国际共运歪说历史与现状，支撑共产主义、支撑赤色政权，如今在中国则是扶立习思想（以中共利益量身定制），保持前后三十年衔接性，吹嘘“中国特色社会主义”优越性，而今天中国社会的性质则是“中国特色资本主义”，网民归纳“四不像”——马列主义的本子、社会主义的牌子、资本主义的路子、封建主义的班子。最最搞笑：都这样了，中共竟自称“全过程民主”。

中南海很清楚已不可能再像毛时代一统国人思想，中宣部意识形态的维稳战很难很尴尬，也明知是“不可能完成的任务”。但中南海也没办法，硬着头皮创造条件也要上。一旦开闸认错，势必走向戈尔巴乔夫新思维，而且到时候肯定“无有一个是男儿”。民运思想界的任务因此很明确，针锋相对“反洗脑”，揭历史真相、输真实信息。因为，海内外爱好自由民主的人们也别无他法，只能（或必须）向墙内同胞推送各种真实信息。

今天，我们已拥有正反两面实践检验的客观论据：1、共运肇祸（中俄朝古的大饥荒大肃反、柬共大屠杀、中共文革……），怎么可能是人类命运共同体，赤色“初心”很闹心呵！2、欧美的发达、亚洲四小龙腾飞，民主政体、私有制市场经济由实践证效。不是实践检验真理么？我们可是长缨在手，执持数百年实践检验的论据，以史实为据。资本主义本就以利益为先导，通过一部分人先富起来而提高社会整体福利，切实体现“共同富裕”。马列共运则以描绘未来为据，号召人民为未来而牺牲当前利益。

民运媒体似可开辟“反洗脑”专栏，以“反洗脑”为品牌（募款、申请资助）。“反洗脑”既切实可行，又有针对性时效。中共“洗脑”的基建工程为掩盖史实、清除史迹，我们以真相为据，摆列史实便是最有质量的“反革命”。摆出事实，不用讲道理，逻辑人人会梳，中共也很难驳斥“反动派造谣污蔑”。如 2021 年香港人均 GDP $4.98 万，台湾$ 3.3 万，大陆$ 1.26 万。[1]中国距离“世界老二”远着呢！再举一则史例：中共“一大”创始党员无一工人，北京亦无一家工厂，何谓“工人阶级先锋队”？以什么代表“工人阶级”？

直至今日，大部分国人仍无人权意识，不知人权内涵，且怀有根深蒂固的政治恐惧。我在小学、大学、博士同学、兴安岭知青微信群都不敢发声，认识差距很大，担心老同学老知青受不了，况且还有一些“自干五”“老粉红”，也怕给他们惹麻烦。中国大陆至今没有言论自由思想自由，只有深深恐惧，怎么可能是“幸福国家”？

扳正理念乃中国走向现代化必须进行的人文基建工程。强说歪理乃中共两大支柱之一（另一支柱为暴力），因此揭歪戳谎很有效。如中共最怕大饥荒、大逃港、文革、六四。十八大后，大陆不准再提再议文革、六四、反右，禁忌越多自然说明顾忌越多，即需要掩盖之处越多。

国史党史岂能由中共自演自评？用《决议》

1 2021 年世界各国人均 GDP 数据，https://www.kylc.com/stats/global/yearly/g_gdp_per_capita/2021.html；

规定对中国现代史、中共党史的评议，中国特色大笑话！国人后人怎么可能按中共《决议》评议评价中共？美国从一开始就禁止官办媒体，从源头上杜绝自我表扬，比一比，差多少？

很无奈很悲摧，中国仍在为共运支付学费，墙内国人仍在高压下被捏塑“三观”，强迫念经「生活在伟大的社会主义怀抱」……。今夏，北京东城街道党工委、办事处挂出大幅标语——相互举报是群防群治、自我保护的最好方法！公然将出卖亲友的卑鄙举报带着威胁标举为「自我保护」的最好方法。「世衰道微，邪說暴行有作。」（《孟子》滕文公下）

反“洗脑”的几处重点：反击中共利用民族主义做文章、反击网络水军的民粹主义、注意学界各路“皈共者”（各种变形挺共论，如“主权高于人权”）。民运内部不可妄自菲薄引喻失义，不必理会别有用心的“无用论”。执守信念、擎举旗帜、保留火种，既为祖国，也为我们自己的良心。民运内部求同存异，有意见私下交换，不必公开，不可为对方输送攻讦“子弹”。

中共夺政依靠两杆子——枪杆子、笔杆子。笔杆子比枪杆子更重要，因为中共依靠笔杆子组织了枪杆子。我们也可以用笔杆子去卸中共的枪杆子。而且这次是代价最低的文斗，不需要再走井冈山道路，不必再来一次钟山风雨起苍黄。所谓政治现代化，当然以降低暴力杜绝暴力为刻度。

1990 年，余英时先生预言——

21 世纪的中国不大可能有光辉前景，因为中国人自己在 20 世纪造下的罪孽太深重了。从一部中国史来看，20 世纪是最混乱最黑暗的时代。……21 世纪将是中国知识分子赎罪的世纪。儘管他们已处在边缘的地位，他们在思想上的彻底反省仍然是收拾中国破碎山河的一个始点。……“待从头收拾旧山河”，这是 21 世纪给中国人所规定的历史任务。

没办法，我们只能尽力“收拾旧山河”。好在前人一直在努力，已铺砌相当台阶，而且民主自有后来人，走向民主转型的脚步声毕竟越来越响。

【时事分析】

以色列宪法与巴以冲突

张千帆

2021 年 5 月 6 日，在以色列最高法院准备判决是否驱逐谢赫贾拉社区的巴勒斯坦人之际，巴勒斯坦人在东耶路撒冷举行大规模抗议并和以色列警察发生冲突，造成数百名平民和激进分子死亡。7 月 5 日，我做了这个题目的讲座。当时，巴以争端已经过去一段时间，似乎不再是关注热点。事实上，我希望它永远过去，不再是世人关注热点。遗憾的是，这是不可能的。从 1948 年以色列在巴勒斯坦建国开始，巴以冲突已经持续了七十余年；只要没有奇迹发生，它还会继续进行下去。这不，2023 年 10 月 7 日，哈马斯为首的巴勒斯坦武装组织突然向以色列境内发射数千枚导弹，并劫持部分以色列士兵和平民到加沙境内。以色列当然强势反击，又一场中东战争似乎就要开打。

中国俗话说，“一个巴掌拍不响。”巴以冲突之所以旷日持久，两边其实都有责任。二者之中，巴勒斯坦尚未立国，迄今亦长期实行威权政治；以色列则是比较成熟的宪政国家，世人的期许自然也相应更高。这个讲座先讲以色列宪法，然后讲宪法和巴以冲突的联系。

一、以色列的基本法体制

1948 年，以色列发表的《独立宣言》定义了国家的基本定位：这是一个“犹太人国家”，取名为“以色列国”，但保证全体公民——不分宗教、信仰、种族和性别——享有最充分的社会和政治平等权。以色列将保证宗教、信仰、语言、教育和文化的自由，并保证保护所有宗教的圣地。

1948 年建国后，以色列议会(Knesset)未能通过一部成文宪法，主要原因在于宗教和世俗原则之间的根本分歧。以色列曾于 1948-50、2003-06 年期间两次尝试制宪，第二次甚至出了几个版本的方案，但最后议会决定都是“拖字诀”。之所以如此，是因为正统犹太教坚决反对宪法规定世俗国家，并威胁将发动“文化战争”；鉴于建国时期以色列的脆弱地位，加上当时只有世界 10%的犹太教人口，而移民通常都有明确宗教倾向，议会决定暂不触动这个敏感话题。半个世纪过后，犹太群体内部分歧仍然强烈，许多基本问题达不成共识，只有搁置争议。

这么做实际上是明智的。之前我不止一次地提到过，制宪相当于重申这个国家的社会契约。问题是目前这个国家在一些基本问题上没有社会契约，比如说对于这个国家基本定位到底是一个犹太教国家还是一个世俗国家，这一点上双方都有很坚定的立场和很强烈的情感。这种情况下，如果硬要制定一部成文宪法是很不智的，因为这样做只会加深、加剧国家的矛盾，无论哪方获胜都不行。比如犹太教获胜，那么犹太人中间很多的温和派坚定的认为虽然信犹太教，但是国家必须是世俗国家，所以他们肯定会不高兴；反过来，如果说明确规定是世俗国家，那么犹太教的正统派就不高兴。既然不论哪方获胜都只会加剧分歧甚至加剧矛盾，不如索性搁置争议，这是一个明智的做法。

制宪不见得是件好事儿，我比较反对动辄制宪。近年来，智利、阿根廷又要制宪。委内瑞拉就是因为制宪制坏了，从 1999 年到现在的 20 多年里，把这个原先拉美地区最发达的国家变成了一个三流国家。如此种种，就是以色列为什么没有一部成文宪法的原因。

总体上，以色列无疑是一个议会至上的世俗共和国。但在立法层面上，犹太教仍然保持了某些特权，譬如垄断了结婚和离婚、国家机构供应认证食品、安息日禁止公交、宗教学校自主权、正统教徒和妇女免于兵役等领域的立法。[1]

虽然以色列没有成文宪法，但它有许多“基本法”。这是以色列的宪法“特色”，和英国与德国都不一样——英国没有宪法，也没有以色列意义上的“基本法”；德国只有一部《基本法》，没有人怀疑它就是宪法。1950 年以来，以色列国会通过了一系列“基本法”(Basic Laws)。因此，以色列“宪法”实在有点麻烦，没有一部固定成文宪法，只有一堆“基本法”，其中最相关的应该是关于三权的三部以及关于军队的基本法。

1958 年《议会基本法》第 3、4 条规定，议会 120 名成员，经由普遍、直接、平等、秘密、比例代表制选举产生。从这里我们可以看出，一个民主国家的“政治自然法”要素，以色列国基本上都有了，而且总体上做得还不错。第 7、7a 条规定，议员和其它职位不相容。同时，基本法也规定了某些自我保护机制，譬如有三种人不能担任议员：否定以色列国的存在，否定国家民主特征以及宣扬种族主义。第 8 条规定，议员任期 4 年，可以连选连任。特别需要注意的是，第 24、25 条规定，议会辩论和决定都没有法定人数限制，投票形成多数即生效，弃权不算。理论上，只要来了三个人投票，两个人就能通过一部立法。其他人不来，怪谁呢？第 31 条规定，议会每年开会两次，会期共 8 个月。

以色列是有总统的，尽管我们未必知道现任总统的名字。1964 年《总统基本法》第 1 条规定，总统是国家元首。第 3 条规定，总统由议会选举产生，任期 7 年，不得连任。第 11、12 条规定，总统履行颁布法律等仪式性职能，总统签字需要得到总理或部长的副署。换句话说，以色列的总统是一个虚职。这也正好对应了以色列是责任内阁制这一总体定位。后来两者正好反一反，总统是间接选举产生，总理反而是全民直选了。第 18 条还规定，总统出国必须得到内阁同意。

1992 年《内阁基本法》第 3 条规定，总理由直接、平等、秘密、普遍的全国大选中产生，任期和议会相同。总理任命部长须经议会批准。如果议会拒绝同意总理组成的内阁，等同于表达不信任。1996 年，以色列进行总理“直选”，内塔尼亚胡当选。所以以色列总理的产生比较有意思，因为以前以色列是一个标准的议会制国家，议会制也叫责任内阁制，总理和部长都由议会选举产生，而不是直接全民选举产生。

我把它和总统制尤其是美国的总统制作过比较，总统制和议会制之间的一个本质区别在于总统是由选民直选产生。总理则是由议会选举产生，也就是间接选举产生，这也是鉴别总统制和议会制的一个主要标准。这样一来，以色列的总理在某种意义上就变成“总统”了，因为他是直选产生的。这就变成了一个比较有意思的体制，世界上像以色列这样的体制也是极少的，通常是总统直选总理间接选举。但 2001 年直选后，以色列已放弃总理直选体制。2001 年《内阁基本法》第 4 条规定，内阁向议会集体负责，部长向总理负责。

鉴于军队在以色列的重要性，1976 年还颁布了《军队基本法》。其第 2 条规定，军队受制于内阁领导，国防部长负责。第 3 条规定，军队最高首领是总参谋长，受内阁和国防部长领导，人选由国防部长推荐、内阁任命。

1 Asli Bali and Hanna Lerner, Constitutional Design Without Constitutional Moments: Lessons from Religiously Divided Societies, 49 *Cornell International Law Journal* 227 (2016), pp. 264-266.

这样就确定了文官负责制，这是文官统治的基本原则。它意味着以色列不是一个军事政权，军队是没有独立性的，军队要受文官领导。军队的最高首领是总参谋长，总参谋长是由国防部长推荐，由内阁任命的，内阁想要罢免，随时可以罢免。内阁向议会负责。如果议会投了不信任票，内阁就得倒台。军队受制于内阁，内阁又受制于议会。这样，以色列的文官治国以及议会民主、责任内阁这套体系就建立起来了。因此，以色列虽然没有宪法，但是它的一套基本法对政府框架的规定很有特色，而且在政治自然法方面落实比较到位。

近年来，以色列国会又增加了几部基本法，包括 1980 年《耶路撒冷：以色列首都》、1984 年《司法法》、1988 年《国家审计长法》。1990 年代，以色列独立经过近半个世纪后，才通过了两部人权《基本法》：1992 年的《人的尊严和自由》和 1994 年的《职业自由法》。之所以间隔如此之久，一是因为犹太教党派坚持反对在宪法上承认平等权，尤其是性别平等；二是保守派一直不承认少数族群的自由权利，其中巴勒斯坦人占了人口近 20%。

1980-90 年代，以色列最高法院的世俗自由主义判决开始影响政教关系。首席大法官巴拉克(C.J. Barak)领导了一场“宪法革命”，自我赋权审查议会立法，引发议会的宗教保守党派代表公开反对司法干预，进而对普通法院及宗教法庭的地位引发社会争议。有些人认为，巴拉克此举可能过于激进，反而得不偿失，因为我们知道，以色列之所以长期不制定成文宪法，正是为了搁置争议，结果最高法院的判决把基本法放在普通立法之上，基本法变成了以色列宪法，反而可能激化社会争议。我倒不太同意这样的看法。我认为这些宪法问题可能是议会或者社会层次上不能触及的一些敏感问题，但是总要有人带头，法院也许是一个相对来说最保守也是争议最小的一个选择。这对于改善以色列境内巴勒斯坦人、阿拉伯人的待遇是非常有意义的。

生活在以色列的巴勒斯坦人一直反对“犹太和民主国家”的立国基础，要求改为自由民主国家，但是这一建议尚未获得议会重视，委员会讨论也没有要求非犹太人代表。1990 年代制定的两部人权基本法正式将以色列定性为“犹太和民主”国家。[2]这实际上也是一个骑墙的定性。一方面，它承认了犹太教在这个国家享有特殊地位，但另一方面又说以色列是一个世俗民主国家。为了避免争议，基本法把这两个都放进去了，而不是明确地单单规定自由民主或犹太国家。然而，正是这两部基本法为以色列的司法审查实践提供了宪法性依据。

二、以色列的司法审查实践

没有成文宪法的以色列还能有司法审查吗？在宪法层次上，“司法审查”的定义就是司法依据宪法审查立法的合宪性。1803 年马伯里诉麦迪逊，马歇尔法官在论证司法审查的过程中反复强调的一个论据，那就是美国联邦宪法是一部成文宪法。成文宪法明确规定了政府部门的权限，而这些宪法权限不应被普通立法随意更改。虽然马歇尔没有明言，但他显然将美国普通法传统的渊源——英国——作为潜在的比较对象。似乎顺理成章的是，英国没有一部成文宪法，因而自然也没有宪法意义上的司法审查制度；美国有一部成文宪法，因而即便没有明确的文本授权，也可以通过“马伯里诉麦迪逊”开拓出司法审查制度。它只是一个逻辑的推演：既然宪法不仅是法，而且是更基本的法，比一般普通法“更高的法”(Higher Law)，那当二者之间发生冲突，当然由法院来判决立法是否违宪。因此，是否存在一部成文宪法似乎成了决定有无司法审查制度的关键因素。

然而，以色列的经验表明，这种解读完全是

2　Ibid., pp. 267-268.

一种误解。因为即使在英国也存在像《大宪章》或《权利法案》这样高于普通法律的“成文”基本法或宪法性文件。[3] 因此，关键并不在于是否存在一部“成文”宪法，而是这个国家如何对待这些基本文件，包括宪法本身。哪怕你有一部成文宪法，难道这部宪法就一定说了算吗？比如一个国家虽然有成文宪法但没有司法审查，所以成文宪法和司法审查两者之间是不能划等号的。没有成文宪法，也不见得没有司法审查，就和即便有成文宪法也不见得有司法审查一样。如果像以色列这样认为基本法不应为议会的普通立法随意更改，那么“马伯里诉麦迪逊”的逻辑就又回来了。一般认为，以色列是一个“不成文宪法”国家，但是司法实践证明不成文宪法也能生成司法审查制度。和普通法律不同的是，这些“基本法”只能为议会成员的绝对多数所取消，因而和宪法条款一样更为“刚性”(rigidity)。就这样，以色列的“宪法”体系构成了一种独特的“碎片宪法”(piecemeal constitution)秩序。[4]

事实证明，独特的基本法体系和议会至上原则并没有妨碍以色列法院行使司法审查的权力。还有一点需要强调的是，以色列没有参议院。它和中国其实一样，只有一个议会，只有众议院没有参议院。这也是议会至上的一种体现。在这一方面，他比英国还要更加彻底，因为英国毕竟有一个贵族院，两院制会削弱议会至上，尽管两院权力并不对等。以色列的一院制更加强化了议会至上，但这种特色并没有妨碍以色列法院行使司法审查权。在某种意义上，以色列法院的司法审查完全可以用来反驳一种流行观点，即中国实行人大至上制度，所以中国法院不能触碰宪法，不能依据宪法审查立法、法规规章等规范性文件。以色列的司法实践表明，这个逻辑是完全不成立的。

其实从很早开始，以色列最高法院就有权“为了正义”而授予救济，以符合自然正义所接受的价值和原则。在 1969 年的判例中，[5] 最高法院判决校园财务法的全盘实施违反了平等原则，而平等是自然正义原则的一部分。兰道大法官(J. Landau)指出，《基本法》具有高于普通法律的宪法地位，因而不遵循“后法”优于“先法”的原则(*lex post derogate priori*)。这一判例有时被称为以色列的“马伯里诉麦迪逊”。和美国一样，以色列的法律秩序原先也没有顶峰；如果说 1803 年的“马伯里诉麦迪逊”使美国宪法真正获得了最高地位，那么 1969 年的判例同样提高了以色列《基本法》的地位。

1975 年 12 月，内阁提议重大修正，其中包括对《基本法》的重要创新。经过以色列最高法院认定，这些修正被认为具有超越普通立法的效力。在这个意义上，最高法院的 5 位大法官是以色列最高立法者，其作用甚至高于 120 位由人民选举产生的议会代表。

1. 占领区诉讼

由于以色列和巴勒斯坦之间的激烈矛盾和冲突，军队占领的合法性成为以色列政治中非常敏感的问题，也是对以色列法院的严峻考验，而法院在这个敏感领域的极有胆识的作为使之足以在世界范围内承当公正典范的称号。一开始，以色列法院和其他国家的法院一样，对政府的军事行为表现出相当程度的尊重。在 1972-73 年的判例中，[6] 以色列政府为军事目的而对土地的占领首

3 当然，英国并没有赋予这些宪法性法律以最高地位，且至少在理论上说，这些法律可以为后来的普通法律所更改，也就是布莱士(James Bryce)意义上的“柔性”宪法。这在某种程度上也阻碍了英国司法审查制度的发展。

4 参见 Martin Edelman, The Changing Role of the Israeli Supreme Court, in John R. Schmidhauser (ed.), *Comparative Judicial System: Challenging Frontiers in Conceptual and Empirical Analysis*, London: Butterworths (1987).

5 H.C. 98/69 Bergman v. Minister of Finance 23(1) P.D. 693.

6 Hilu et al. v. Government of Israel, H.C. 302/72, 27(2) P.D. 169.

次遭遇法律上的挑战。最高法院判决司法干预军事行动或安全事务的余地是“十分狭小”的，但是仍然将军事占领纳入国内法而不是国际法框架内。与此相关的是，1945 年的海牙会议和 1949 年的日内瓦第四公约都规定，军事行动必须具备战事的“必要性” (necessity)。在 1978 年的判例中，[7] 以色列政府在被充公的土地上建造军人家庭的住所，法院认为这一行为构成了战事的必要性。在 1978-79 年的判例中，[8] 法院判决在所占领的土地上建立市民定居点的行为将促进国家安全，因而并不违反国际法。这是因为如果居民对恐怖活动无动于衷甚至支持鼓励，那么这将给恐怖活动带来便利，而在这些地区建立犹太人定居点并监视可疑活动将有助于以色列的安全。由于法院并不熟悉军事事务，因而政府在提出这类论点之后就过程了有关必要性的推定，申诉方需要强有力证据才能推翻这种推定。这些判例表明，以色列法院对军事占领行为表示了高度谦抑。然而，即使面对军事行为，以色列法院也并不甘心做一枚“橡皮图章”。就在此两个月之后的案件中，法院就判决政府败诉。

在经过 1967 年六日战争(Six Day War)之后，以色列军队占领了约旦河西岸 17 名阿拉伯人的土地，并在此建造犹太人定居点。以色列国内的宗教团体认为西岸是神赐予的土地，因而志在必得。犹太人团体向法庭提交了书面证词，说明定居是根据上帝命令继承赐地之举。但在 1979 年的判例中，最高法院认为此理由并不涉及国家安全考虑，因而判决占领违法，并命令政府在 30 日之内拆除并撤出定居点。[9] 国防部长曾公开反对在此地定居，而是建议国家宣布将此地归为国有，从而减少巴勒斯坦人的法律挑战。以色列最高法院的这项判决激起了强烈的社会争议，不少反对者将其和美国历史上的“蓄奴案”相提并论，[10] 最高法院也卷入了激烈的意识形态之争。这一重要判例虽然极有争议，但最终改变了公共舆论，改善了以色列的国际形象，并确立了最高法院作为宪法体系的主要保障者之地位。最高法院的司法审查保证以色列政治和行政机构遵从宪法价值，而不是不分青红皂白地卷入种族之争。

在 1967-86 年期间，占领区的居民向提出过 557 次申诉。[11] 国际法并没有给占领区的人民向占领者的法院提出申诉的权利，因而以色列政府可以挑战法院干预军事管辖区事务的管辖权。事实上，法院明确指出，假如政府提出这类论点，那么很可能就足以停止进一步诉讼。但是在诉讼提出后，以色列政府并没有对法院的管辖权提出异议。在这种情况下，法院受理了诉讼，并在 1982 年的判例中宣布自己获得了审查军事行为的权利——不论该行为发生在何时何地，从而成为“国际法实务中史无前例”的先例。[12] 在所受理的这些案件中，绝大多数都通过撤诉、谈判或调解而得到解决，但是 65 个案件受到正式审理。其中在 1979-80 年决定的 5 个案件中，最高法院至少部分肯定了上诉者的请求。除了上述判例之外，第一个案件宣布土地征收无效，[13] 第二个案件判决遣

7 Salame et al. v. Minister of Defense, HCJ 834/78, 33(1) P.D. 471.

8 Saleiman Tufik Ayoub v. Minister of Defence, H.C. 606, 610/78, 33(2) P.D. 113, 130—131; Falah Hassin Abrahim Amira v. The Minister of Defense, H.C. 258/79, 34(1) P.D. 90。兰道法官(J. Landau)指出：“适当的军事计划所必须考虑的因素不仅有现存的危险，而且还包括领土在不断发展过程中产生的危险。”

9 Elon Moreh Case，参见 Gary Jeffrey Jacobsohn, *Apple of Gold: Constitutionalism in Israel and the United States*, Princeton University Press (1993), pp. 110—135.

10 Dred Scott v. Sandford, 60 U.S. 393.

11 Ronen Shamir, “Landmark Cases” and the Reproduction of Legitimacy: The Case of Israel’s High Court of Justice, 24 *Law & Society Review* 781 (1990).

12 H.C. 393/82 El Masulia v. Aramy Commander, 37(4) P.D. 785 (1982).

13 H.C. 390/79, Dawikat et al v. Government of Israel et al, 34(1) P.D. 1, 29 (Heb.) (1979).

返两名巴勒斯坦领导人的决定违法，[14] 第三个案件命令内政部长向他拒绝授予许可的报纸给予许可证，[15] 最后一个案件则推翻了政府拒绝允许上诉人和其家人团聚的决定。[16] 这些案件都产生了法院和政府之间的直接对抗，并通过宣布政府行为违法、不当或无效，公开“难为”以色列政府。从法治的角度来看，这些公然和本国政府“叫板”的判例是相当难能可贵的。

2. 司法审查的依据——基本法及其恒定性

刚才讲到，英国的基本法是没有恒定性的，《大宪章》《权利法案》《人权法》都没有，所以“后法”优于“先法”，议会可以随便修改。以色列的基本法就不一样了，它有所谓的恒定性(entrenchment)，也就是和宪法一样是“更高的法”，那么“后法”就不能优于“先法”了，不能通过普通立法的程序去修改基本法。换言之，基本法的地位要比普通立法更高，当二者之间发生了冲突存在矛盾，那么以色列法院就会判决普通立法无效，因为它抵触了基本法。刚才提到的首席大法官巴拉克在这个问题做了很好的梳理和总结，对于基本法的恒定性做了非常精彩的解释。他主审的判例曾判决，议会有权把基本法条款作为正常立法不可超越的恒定法。

我在一开始就强调，司法审查制度的前提是存在宪法性审查依据；如果不存在比普通法律“更高的法”，那么针对立法的司法审查显然就无从下手。在 1995 年的案例中，[17] 以色列的一项立法影响了家庭农业行业的财产，因而被认为侵犯了财产权。在这项里程碑决定中，以色列最高法院明确肯定议会有权制定比普通法律更为“恒定”(entrenched)的基本法，基本法的效力超越普通议会立法，且法院有权决定普通议会立法是否符合基本法。在处理《基本法——职业自由》合宪性的第一项决定中，列文法官(J. Levin)得出了这一结论：“在这两部《基本法》生效之后，它们通过自身的效力连同散落在我们判例法中的不同基本权利，建立了以色列宪政大厦的基础和围墙。”

但和美国不同的是，以色列并没有一部成文宪法，因而法院首先要确定基本法的性质究竟是什么；如果基本法确实和“宪法”一样是“更高的法”，那么法院还要进一步确定议会确实有权制定比普通法律更高的法。这是因为美国联邦宪法的制定和修改是经由比国会的民主正当性更高的主体——各州——完成的，由此产生了一部“更高的法”；英国的所有法律——无论是普通法律还是宪法性法律——都是由同样的议会按照同样程序制定和修改的，因而在法律位阶上是平等的。以色列的基本法介于此两者之间：法律都是由议会通过的，但是基本法的程序要求略高一点，因而被认为比普通法律更为恒久。在以下的意见中，首席大法官巴拉克(C.J. Barak)总结了司法先例，解释了基本法的“恒定”性，并判决议会具有制定基本法的“制宪权”：“最高法院承认，议会有权将《基本法》条款作为正常立法不可超越的恒定法。”

在以色列最高法院看来，议会的制宪权并没有束缚法院的手脚；恰好相反，基本法的恒定性和最高地位正赋予法院审查普通立法的权力和义务。在上案，首席大法官巴拉克进一步论证了司法审查的必要性和正当性。这个判决可以说是“马伯里诉麦迪逊”在现代以色列的进一步发展。以色列的司法实践将司法审查制度进一步扩展到坚持议会至上的不成文宪法国家，从而改写了普通法传统的司法审查历史。但是站在现代宪政经验

14 H.C.J. 698/80, Kawasme *et. al.* v. The Minister of Defense, 35(1) P.D. 617 (1980).
15 H.C. 2/79 El Asad v. Minister of Interior, 34(1) P.D. 505 (1979).
16 H.C.J. 802/80, Samara v. The Commander of the Judea and Samaria Area, 34(4) P.D. 1 (1979).
17 United Mizrahi Bank Ltd. v. Migdal Village, C.A. 6821/93, 49(4) P.D. 221 (1995).

的前沿，以色列法院不仅认识到司法审查的必要性，同时也看到了司法审查的潜在危险和尽可能坚持“司法客观”的必要性。毕竟，法院在本质上是一个中立的仲裁机构，司法独立的宪法保障排除了法院的政治性和民主正当性；正如以上判决指出，法院的任务是如实解释宪法，而不是代替人民及其代表作出价值判断，更不是直接参与政治斗争。在解释过程中，法官不应该将自己的主观意见强加在宪法文本之上，否则就滥用了宪法赋予的权力和独立地位。以色列法院认识到这一点，并有意识地将自己局限于“客观”的司法领域，从而一直成功地维持了社会、党派和政府其他部门的尊重。事实上，在 1979 年的里程碑判例之后，以色列政府不再征用私人土地，而只是在公地上建立定居点，而法院也基本上回避处理这类争议。

三、巴以冲突

以色列的宪政民主制度相当成熟，却未能有效解决解决巴以冲突。民主毕竟是有疆域的，民主制度只能保证政府对自己的国民好，并不能保证对其它国家的国民好；譬如非民主国家可以给外国人“撒币”，但民主国家的领导人绝对不会，否则撒出去的钱是要用选票来偿还的。恰好相反，如果不同民族发生了不可调和的利益冲突，那么民主体制可能会让政治乃至军事冲突变得更难避免。事实上，以色列的“天下”也是犹太人“打出来”的，以色列的立国方式就注定了它生存在巴以冲突的火药桶上。

1947 年，犹太人约占巴勒斯坦人口 1/3，实际占有 6%土地，而联合国共治方案划拨了 54%的土地。可想而知，这种“共治”方案很难为巴勒斯坦和阿拉伯人所接受，结果发生了五次中东战争：1948 年第一次战争，埃及为首的叙利亚联军要扼杀新生的以色列，结果以色列反败为胜，占领了巴勒斯坦总面积 80%，96 万巴勒斯坦人逃离家园。1956 年第二次战争，埃及总统纳赛尔奉行阿拉伯民族主义，关闭了苏伊士运河。以色列和英法联合，攻占了加沙和西奈半岛。1967 年第三次战争（“六日战争”），戈兰高地的叙利亚军队向以色列定居点开火，以色列占领了加沙地带、西奈半岛、约旦河西岸、耶路撒冷东城区和戈兰高地共 6.6 万平方公里土地。1973 年第四次战争（“赎罪日战争”），埃及和叙利亚分别想要夺回之前被以色列攻占的西奈半岛和戈兰高地，但再度失败。1982 年第五次战争，以色列以巴解刺杀英国大使为由，包围贝鲁特西区并扫荡黎巴嫩境内的游击队，后来双方在国际压力下先后撤出黎巴嫩。

总之，以色列独立后半个世纪，每不到十年就有一场中东战争。阿拉伯世界屡战屡败、屡败屡战，也可以理解，因为实在咽不下这口气，不能接受 1947 年自己的“第三圣地”被横插这么一杠子。用阿拉法特的话说：欧洲人欠犹太人的债，让阿拉伯人来还。过去半个世纪，以色列一直在以违反国际法的方式蚕食属于巴勒斯坦的西岸土地，先是以巴勒斯坦从事恐怖活动为由而将划拨巴勒斯坦的某些土地进行军事占领，再把军事占领的土地转为民用。内塔尼亚胡的方案是把以色列法律适用于 30%西岸土地，有的右翼群体期待更多。川普方案是将此既成事实合法化，但并不能实质性解决巴以矛盾。[18]

主要在美国斡旋下，巴以有过数次谈判，坎坎坷坷但终究功败垂成。1973 年“十月战争”后，萨达特总统决心通过和平谈判解决巴勒斯坦和埃以问题。1977 年，和以色列总理贝京实现互访，但利比亚、叙利亚、阿尔及利亚、南也门和巴解组成了“拒绝阵线”。1979 年 3 月，埃以签订和约；次年 2 月，两国建交，遭到多数阿拉伯国家的反对和抵制。阿盟当即通过对埃及的集体制裁决议，

18 Tom Bateman, Israel annexation: New border plans leave Palestinians in despair, BBC, 25 June 2020, https://www.bbc.com/news/world-middle-east-53139808.

将埃及开除出阿盟，阿盟总部迁往突尼斯，17 个阿拉伯国家和埃及断交。[19] 1993 年 9 月，在克林顿总统主持下，巴解主席阿拉法特和以色列总理拉宾签署《奥斯陆协议》，分两阶段实现巴勒斯坦自治。次年 7 月，巴勒斯坦自治领导机构开始在加沙和杰里科行使权力；阿拉法特则结束 27 年流亡，回到加沙。

然而，《奥斯陆协议》的实施在以色列国内引起强烈反应。11 月，拉宾总理遇刺。1996 年 1 月，巴勒斯坦实行历史上第一次大选，选举产生民族权力机构和立法委员会，阿拉法特当选主席。5 月，利库德集团领袖内塔尼亚胡上台，右翼势力抬头，宣布推行“三不政策”：不允许巴勒斯坦建国，不撤出戈兰高地，耶路撒冷不可分割。新政府反对以色列从西岸撤军，还要扩大犹太人定居点。1997 年 1 月，在美国压力下，巴以勉强达成协议，但因为缺乏互信而陷入僵局。次年 10 月，克林顿邀请阿拉法特和内塔尼亚胡来华盛顿谈判，并形成怀伊河备忘录。

1999 年 7 月，工党领袖巴拉克上台；次年 7 月，克林顿总统再次邀请巴以双方领导人在戴维营会谈，谈判焦点主要包括巴勒斯坦对西岸、加沙和东耶路撒冷的控制究竟是主权还是管理，以及巴勒斯坦难民回归权。最终，阿拉法特拂袖而去。从以色列的角度来说，阿拉法特错失良机。以色列接受了克林顿方案：巴勒斯坦将控制 95%的西岸、百分百的加沙以及耶路撒冷的阿拉伯区域，包括 300 多亿美金的巨额援助。阿拉法特却偏偏坚持全体巴勒斯坦人都享有回归故土的权利，意味着 65 万巴勒斯坦人的子子孙孙可以回到以色列；以色列当然不可能接受这个要求，否则犹太人将不占多数，犹太国将不国。[20]不过，协议可能不像以色列人说得那么好，加沙等地不可能立即全部返还，必须 15 年内拆迁众多犹太人定居点，而以色列政府是否有此能力和决心？关键还是在于双方缺乏互信。

戴维营谈判的失败不只是领导人的失误，而更在于双方民众在期望值上有很大落差，因而为政治精英预留的谈判空间很小。68%的巴勒斯坦人都认可阿拉法特的不合作立场，还有 14%认为他让步太多，只有 6%认为他让步不够。戴维营之后，阿拉法特的支持率从 39%上升到 46%。由此可见，阿拉法特的地位并不像想象得那么稳固，如果表现不够强硬会进一步削弱自己的政治基础。以色列这边，只有 25%的民众认为巴拉克立场合适，高达 58%的以色列人认为他让步太多。[21]

但不论如何，阿拉法特还是错失了千载难逢的良机。当时，正好遇到有能力的民主党总统和工党总理，对巴勒斯坦最友好的人在美以执政。阿拉法特可以几十年坐着不走，但民主国家的政府是要换人的。出色的领袖不仅需要尊重民意，而且必须塑造和引领民意，带领人民走出困境、走向现代文明国家，而不是永远陷在无国家、无安定、无发展的“三无”状态中恶性循环。进入 2000 年，巴以关系每况愈下，巴以冲突似乎永远望不到头。

2000 年 9 月，利库德新领袖沙龙强行访问阿克萨清真寺，引发巴勒斯坦第二次起义。次年 5 月，冲突造成死亡人数超过 3100 人。911 事件之后，布什政府默认以色列强硬政策。同年上台的沙龙政府将民族权力机构列为恐怖主义支持者，对激进组织人员实施定点清除，巴以和谈完全中止。2002 年 2 月，以色列根据工党建议修建隔离墙。次年 6 月，在美国压力下，三国重启会谈，正式启动路线图计划。沙龙宣布承认巴勒斯坦的

19 王铁铮、黄民兴等：《中东史》，人民出版社 2010 年版，第 380-385 页。

20 Why did Arafat refuse offer he can’t refuse, 12 Jan. 2001, https://www.jweekly.com/2001/01/12/why-did-arafat-refuse-offer-he-can-t-refuse/.

21 https://en.wikipedia.org/wiki/2000_Camp_David_Summit.

建国权，承诺拆除西岸未经许可建设的犹太人定居点。阿巴斯则宣布停止武装起义，呼吁以和平手段结束以色列占领，但好景不长。12 月，沙龙宣布撤出加沙和西岸定居点计划，引发强硬派激烈反对。2004 年 6-10 月，以色列内阁和议会分别通过单边撤离计划，但双方围绕隔离墙的冲突却愈演愈烈。11 月，阿拉法特病逝，阿巴斯当选巴解主席。次年 2 月，激进组织就暂停袭击以色列、接受 1967 年边界等问题达成协议。8-9 月，以色列撤出加沙及西岸部分定居点，但哈马斯仍不断发射火箭。

最近的大规模冲突再次刺激人们的神经，而其历史渊源由来已久。1967 年第三次中东战争，以色列从约旦军队手中夺取了东耶路撒冷，随后将谢赫・贾拉地区并入其国土，该社区之后由一个犹太人基金会从巴勒斯坦人购买。法院曾裁决该社区的巴勒斯坦人可以继续居住，但需要付租金。根据以色列法律，只要能够证明在 1948 年拥有土地所有权，犹太人即可要求归还他们在耶路撒冷的财产，但巴勒斯坦居民则无此保障。巴勒斯坦人不服该判决要求上诉，称谢赫・贾拉社区的房屋是从约旦在 1948 年至 1967 年控制东耶路撒冷时购得。以色列最高法院被预计将 5 月 10 日的上诉做出是否应该驱逐的判决，从而引发从 5 月 6 日开始的抗议活动。5 月 7 日是开斋节月最后一个重要日子，也是以色列举行庆祝耶路撒冷日的庆祝活动。数以千计的巴勒斯坦信徒前往圣殿山阿克萨清真寺进行祈祷朝拜，并继续举行抗议，以色列警察则怀疑其中有人要从事暴力活动。当以色列警察与巴勒斯坦人首次爆发冲突的数小时后，以色列警察部队的大量增援前往阿克萨清真寺集结，之后进入清真寺大院内驱散聚集的巴勒斯坦人，同时也对潜藏在居民区内的示威者和声援活动家进行驱逐。这些行为引发了哈马斯的流弹袭击和以色列的空袭，造成大量平民伤亡，巴以关系进一步恶化……

四、巴以和平的未来

巴以和平还有没有未来？这取决于双方和国际社会努力。巴以关系是检验社会契约论和政治自然法的经典案例。当然，这里运用社会契约论难度稍大，因为社会契约是和平制宪立国的基础，但它也是国际和平的基础。以色列和巴勒斯坦要和平相处，必须在相互尊重的平等基础上达成某种契约安排。

双方首先要同意，争端只能通过谈判而非暴力解决。如果以色列过于强势，不断抢夺巴勒斯坦土地，只能助长巴勒斯坦的激进势力，暴力恐怖袭击也不会停止；如果哈马斯不断通过暴力行为激怒以色列，犹太人右翼保守势力必将长期占据统治地位。这样，双方民众都会愈加趋于激进，巴以和平也就彻底无望了。好在无论是以色列还是巴勒斯坦，内部都有相当比例的温和力量，和平契约只能在双方温和力量取得主导地位的情况下达成。

巴勒斯坦的情形很不看好。2006 年 1 月，巴勒斯坦立法委员会举行选举，哈马斯赢得了压倒性胜利，在立法委选举中首次历史性胜出，在 132 个席位中赢得 74 席，相对温和的法塔赫只有 45 席。巴勒斯坦领导层形成总统和立法委员会“双轨制”。哈马斯拒绝承认四方提出的承认以色列、放弃武装斗争、承认巴以协议三项要求，遭到西方抵制，导致哈马斯成员采取更激进措施。法塔赫与哈马斯之间的冲突也愈演愈烈，联合政府谈判最终破裂。次年，哈马斯在与法塔赫的一系列冲突中获胜。2 月，在沙特斡旋下，双方签署麦加协议，决定成立联合政府，但是在阁员任命和安全部队指挥权等问题上依然矛盾重重，武装冲突继续升级。6 月，哈马斯击败巴解，夺取了加沙地带控制权，法塔赫退守约旦河西岸。阿巴斯宣布解除哈尼亚的总理职务，组建紧急政府，巴勒斯坦实际上出现两个政权。[22] 2017 年 10 月，法塔赫与哈马斯在开罗同意和解并签署协议，结束长期分裂的局面，法塔赫将于 12 月前接管由哈马斯控制的加沙地带。2004 年当选总统的阿巴斯任期本来到 2009 年结束，2010 年初举行大选，但出于各种原因迟迟未能进行，原定今年 5 月 22 日举行的大选被无限期推迟。这似乎表明，阿巴斯对自己连任没有信心，长期巴以对抗使激进派哈马斯成了巴勒斯坦众望所归。

相比之下，以色列的情况更为乐观。有人猜测，强硬派利库德集团的内塔尼亚胡丑闻缠身，需要制造巴以冲突来转移焦点、乱中取胜。这种企图如果属实的话，并未成功；2021 年 6 月选举，内塔尼亚胡以 59：60 一票之差惜败。新政府由八党联盟，其中一个是阿拉伯政党，可见以色列境内的阿拉伯人是享有政治权利的。2019 年，以色列人口已达到 900 万，为世界唯一的犹太人占多数国家，其中约 75%为犹太裔，20.8%为阿拉伯裔，人数达 177 万，包括德鲁兹派和多数东耶路撒冷阿拉伯人。由此可见，阿拉伯人在民主的以色列仍然是一股不可忽视的力量。尤其当鹰派与鸽派力量焦灼的情况下，或能发挥“四两拨千斤”的作用。虽然接任总理的本内特据说比内塔尼亚胡更强硬，但两年后会由温和派接管。当然，既然内塔尼亚胡仅以一票惜败，不排除他任何时候都会卷土重来的可能。败选后他就主张恢复总理直选，由总理直接组阁，无需议会批准——1996 年，他就是直选上台的，但这类主张获得多数接受的机会很小。

但不可忽视的是，进入 2000 年之后，由于巴以矛盾加剧，以色列内阁几乎一直是右翼掌权，表明多数以色列民众希望政府在巴勒斯坦问题上采取强硬措施。事实上，2022 年底至今，内塔尼亚胡所属的利库德集团重新掌权。上任不久，即被调查涉嫌贪腐，而内塔尼亚胡则试图通过立法削弱最高法院的权力，遭到大规模民众抗议。有“阴谋论”甚至认为，不无可能他故意采取激进措施激发哈马斯袭击，以转移国内视线。强硬立场不仅不会使哈马斯等巴勒斯坦激进组织消失，反而会加剧巴勒斯坦内部的激进化并削弱其温和力量的道义正当性。刚刚发生的哈马斯大规模袭击就是又一个例证，近二十年见证了巴勒斯坦极端力量和以色列右翼极端力量相互增强的历史。

归根结底，巴以冲突的本质是宗教冲突。在理想情况下，如果各方都能尊重宗教自由、政教分离、世俗国家等政治自然法则，暴力冲突本不会发生，甚至“巴勒斯坦国”根本不是一个问题。如果以色列能够彻底解决自己的宪法定位，把自己定位成一个世俗国家，平等对待一切宗教和族群，全体巴勒斯坦人做以色列的公民也“不吃亏”。当然，由于历史与现实原因，一国方案完全没有可行性。目前可行的唯有两国方案：回到联合国共治方案，让巴勒斯坦尽快建国并成为一个正常的民族国家。即便如此，巴勒斯坦国要得到良好治理，也必须遵循政治自然法则。以目前情况看，这个条件还不具备；巴勒斯坦建国后，巴以矛盾或退居次要地位，但是巴勒斯坦的国内矛盾会很快上升为主要矛盾。如果不能尊重政治自然法，和平依然不会降临耶路撒冷。

五、问答与讨论

1. 实行政教分离会不会造成以色列“国家自杀”？

感谢杨鹏先生提出很有意思的观点。我想你的意思是指，为什么不能让流离失所的巴勒斯坦人回来？如果以色列不再是以犹太教或犹太人为主导，比如在移民过程中放进来大量的阿拉伯人、巴勒斯坦人，造成以色列国境内变成了犹太人占少数，可能就“国将不国”，变成“自杀”了。

22 王铁铮、黄民兴等：《中东史》，第 503-508 页。

这个顾虑有一定道理，但我认为我们讨论的是两个问题。事实上，这种担心就跟我们国内很多“保守派”担心欧洲被移民“绿化”一样。可能在目前仍然不能信任非白人或者非白人基督教为主的群体主导的国家能践行宪政民主，比如说让黑人、穆斯林变成这个国家的多数，他们是否还能够坚守自由民主的基本价值？这个问题可以有，但是它主要是个移民政策问题。就说你在移民上把好关，保证这个国家的多数人是犹太人。但这并不一定要求这个国家就是一个犹太人或犹太教国家。另外，犹太人也未必全信犹太教。族群和宗教毕竟是两个概念。我对这个问题没有研究，但是相信犹太人对这样的问题本身也有多元的看法。尤其是对那些比较温和的非正统犹太人，他们也都信仰犹太教，但会以一种比较温和的方式去看待这个问题。

因此，从或许有点简单化的角度来看，我认为信不信犹太教是次要的，但是只要他相信自由民主的这套基本价值。我相信，在以色列或在世界上其他地方生活的犹太人大多数是接受这套普世的政治价值的。但是在多大程度上深信某一种宗教教义？这是要打问号的。各人信仰宗教的程度不同，犹太教在犹太人当中肯定也有很大的不同。犹太人应该和犹太教相区分。

2. 宗教是凝聚民族不可或缺的力量？

你说宗教是凝聚族群向心力的一种力量，这当然是，但也正是这种力量让巴以冲突的解决遥遥无期。这直接是宗教产生的。当然，巴勒斯坦方面肯定也有做的不对的许多地方。如果双方都能在国家的世俗化上达成共识的话，我想不会到今天这个样子。我们从以色列《独立宣言》也能够看到，它其实是处在一种矛盾当中。一方面，他们希望犹太人或犹太教仍然处于主导地位；另一方面，也想平等对待所有宗教、所有族群、所有信仰。这其实就是一种世俗化的理念。

我认为以色列没有必要明确犹太国的定位，完全可以通过具体的移民政策、边境控制来保证这个国家的人口多数在今后至少相当长一段时间是犹太人占多数。但是一旦不管他是什么样的人，犹太人还是非犹太人，一旦他是这个国家的国民或是合法居民，那么他就应该享受全部的宪法权利，包括政治权利。我想以色列国内基本上也是按照这一套去做的，但是对于解决巴以之间的冲突没有太大帮助。

用一种宗教去凝聚一个民族，这种想法是不现实的。以色列实际上采取比例代表制，政党其实已经非常分裂。阿拉伯政党我没有研究，但是我们能看到执政联盟当中至少曾有一个是阿拉伯政党，尽管这个政党不可能代表所有的阿拉伯人。伊斯兰教里面有各种流派，逊尼派、什叶派、苏菲派，每一个流派当中还有各种各样的小派，这是多元性使然，至少在政治上不太可能让任何族群或信仰达成高度的一致。就因为我有同一种宗教信仰，所以就在所有的政治立场上都保持一致？这其实不可能做到，以色列不是这样，巴勒斯坦也不是这样。法塔赫与哈马斯都信伊斯兰，但他们之间打得多厉害？

3. “上帝选民”论不利于世界和平

“上帝选民”的观念有可能提升犹太人的民族自信，但对世界和平恐怕没什么好处。事实上，以色列对自己控制区内不同信仰的居民是有基本平等的。目前对外强势或有必要，但只有霸道而无“王道”恐非长久之道。当年德意志也认为日耳曼人是上帝的“选民”，所以对犹太人下手。现在你认为只有你是“上帝选民”，别人都不是。这种思维下，人都这么想的话，世界会有和平吗？以色列人也正是认为自己是上帝的选民，至少他们中相当保守的那一部分人是这么想，所以还要回到 2000 多年前耶路撒冷那个地方去。结果就是直接产生了 70 多年来延绵不断的血腥冲突。

这种结果不仅对巴勒斯坦人是灾难，对以色列人也不见得有什么好处。其实，当时不止耶路撒冷这一个方案。当然，耶路撒冷方案处理得好的话，也不一定会到今天这个局面。但他们也可以去其他地方，一个争议更小的地方，而不是去这个既是犹太人的圣城、也是穆斯林的圣城，是不是结果会好一点？我想以色列还是会像现在的以色列，同样会在科技、工业、文化上面取得今天的这种成就，而且不会对巴勒斯坦人造成这种结果，也不会让自己一直生活在恐怖袭击威胁当中。

4. 国家世俗化会不会废掉犹太传统？

为什么一定会这样呢？世俗国家不是指国家实施无神论，而是禁止包括无神论在内的政教合一。难道政教合一就是千年传统？这种“传统”没什么好吧？既然多数人接受了某个宗教，那很好啊，表明这个国家的人民自己就非常有信仰。你自己接受不就很好吗？为什么一定要跟国家绑在一起呢？跟国家绑在一起，我们看到后果就只有一个。而且不单单是犹太人的传统，几乎所有阿拉伯国家都是这样，难道这也很好吗？

穆斯林国家都是严格政教合一的。以色列之所以区别于他们，不是因为和他们一样是政教合一，而恰好相反。它只是在《独立宣言》两部人权基本法当中提到了“犹太人”，但是在治国理政当中还是坚持世俗化的。这是以色列和巴勒斯坦、阿拉伯国家之间的本质区别。你可以说他犹太教和伊斯兰信仰不一样，但我不认为他们的实体信仰不同造成了这种区别，而恰好是在于穆斯林世界绝大多数都是政教合一国家，这造成了他们今天的落后。犹太人的发达恰恰是因为他们并不以犹太教为国教的。

上面说了，犹太人并非铁板一块，以色列的国家定位就很有争议。再说生活在世界上的犹太人有多少是生活在以色列？有多少是散落在美国？还有现在幸存下来的德国犹太人，他们都不是犹太国家，但都做得很好。难道他们没有政教合一就失去信仰了吗？没有啊！

5. 不要神化任何民族或信仰

十分感谢，谢先生提供了巴勒斯坦的历史资料。以前多少也了解一些，因为中国是支持巴勒斯坦的，不论出于何种原因，官媒对“以色列的暴行”这些报道比较多，但另一面的故事就不说了。我们确实需要全面地了解历史，千万不要去神话一个民族、一种信仰。这种神话其实是很危险的，中国自己就吃了很多的苦。我总是说，100 年前是中国左派有一个非常美好的想象；今天，变成许多“右派”又误入歧途。我认为，这两种偏向都不可取。

以色列的犹太人也是很多元的，某些犹太人当中的激进派、极右派的所作所为恐怕是许多犹太民族的同情者甚至犹太人自己也不愿意看到的。这些历史还是要面对，才能避免制造各种神话，然后再引申出一些不合适的制度联想。

6. 政教分离能否解决巴以冲突？

再次感谢杨鹏先生的评论，我们在政教分离这个问题上的分歧不光是这一件事儿，从很早就开始有了，这也没关系。以色列是一个很特别的例子，但为讨论这个问题提供了一个很相关的背景。我没有说政教分离就能够解决这个巴以冲突，我从来没有这么说过。当然，最后也提了一下理想愿景：如果以色列一开始就是政教分离，也许会有助于解决这个问题。这个“如果”意味着以色列犹太人的绝大多数都是不激进的，都不是极右派。可惜，它一开始就不是这样，刚才谢先生也提供了一些资料，一开始的过程还是非常暴力，这就埋下了“雷”，现在还在不断引爆。所以政教分离对于解决巴以问题或许有帮助，但我绝对是不抱希望的。所以我们的讨论还是要建立在理解对方到底在说什么这个基础上，否则争来争去可能就是针对一些根本不存在的问题。

但是这个问题不仅对以色列以及巴以和平的前途，甚至对整个世界包括中国也都是非常重要的。政教分离或世俗国家不只是有助于改善国和国之间的关系，最主要的还是对这个国家自己有好处。现在世界上所有的发达国家，除了以色列，都是政教分离的国家，或者宪法明确规定，或者实际上是在践行政教分离。比如说英国，它有国教、有“公教”，但是实际上它是不发挥国教功能的。

当然，以色列这个国家可能有特殊的历史，有它所谓的“特殊国情”，民族构成也相对单一，比如 3/4 都是犹太人。这样能不能在这个国家实行一点特殊的东西，一方面承认它是“犹太的国家”，也就是犹太教是“国教”；另一方面，仍然实行宗教上的相对宽容？我觉得确实不排除这样的可能性，但是不能不看到大势所趋，不能总是这么铤而走险，用特例来论证某些一般意义上错误的理念或者原则，或者在某些概念上做文章，什么“政教分立”不是政教分离。这些说法本质上都是一种机会主义。

另外，有时候坚持和反对某种理念的本质是一样的，你坚持的可能和你反对的那套东西本质上是一回事儿。因此，不要再争什么有神论、无神论了；实际上，无神论也是一种宗教，只不过是一种“消极宗教”。这个问题我在以前好几篇文章里都讲到了。一定要分清楚什么是无神论，什么是世俗国家，世俗国家不是无神论。这个话我正过来反过去讲，讲了无数遍，还是有人搞不清楚。其实你讲的某种信仰为民族提供的凝聚力，好像成了一种指引民族前进方向的“宇宙真理”，这套话语我们都非常熟悉了，最后的结果我们也都知道。所以我们就不要再去提倡一种貌似相反、实质雷同的东西，尤其需要厘清什么是世俗国家的政教分离，及其和无神论的本质区别。

当然，政教分离确实有不同程度，比如目前以色列的这种规定和不少阿拉伯国家是类似的。有不少阿拉伯国家都规定了国教，也就是伊斯兰教或其中某个特定教派。它是不可质疑的，甚至也明确规定了教法，但还是可以有某种程度的宗教宽容，譬如也允许基督教、犹太教、佛教在本国传播，但前提是你不能跟我的国教发生冲突。这种关系有点像中共和民主党派之间的关系，是一种和平合作而不能是竞争关系。一旦出现挑战，你的宗教和我的国教发生了冲突，我是断然不能允许你存在的。

以色列的定性比较“骑墙”，国家定位是犹太加民主，可见犹太教在这个国家还是占据了非常特殊的地位。这样做当然要比那些严格意义上的一神教国家，比如伊朗那样的神权国家要好，因为这些国家不允许其他宗教合法存在，有点像当年国民党的“党外无党”“党外无政”。但这也就是一个程度上的差别而已。很多阿拉伯国家的“宽容”也就是说一说，他们之所以能够允许其他宗教存在，只不过是因为这些宗教都很弱，很多阿拉伯国家和非洲国家都是 90%以上的穆斯林，占据绝对优势。一旦对立的宗教构成了某种威胁，就跟中国古代一样，早先是很欢迎佛教的，后来觉得佛教做大了，就要进行打击。因此，如果没有一个非常明确、斩钉截铁的政教分离原则，你是不会有真正的宗教自由和宽容的。

我们希望一个什么样的以色列？至少从局外人的角度看，我是希望一个接受现代文明的以色列。以色列在经济、工业、科技、军事包括政治制度上高度发达，它的宪政民主也是做得相当不错的。但就是在政教关系这个问题上，它不是很明确。我认为，这对于以色列本身也是不好的。世界大势必然是强调宗教和信仰多元。在全球化格局之下，你还想去建立一个单一信仰、单一族群的民族国家，简直就是天方夜谭、痴人说梦。

当然，在巴以冲突这种特殊格局下，以色列可以慢慢走，逐步在社会取得共识，但这个大方向必须是毫无疑问的。它需要在政教关系这个重大问题上达成一个符合现代文明的共识。我对以色列不够了解，不清楚他现在百分之多少的选民是激进派，百分之多少是温和右派，多少是温和左派或者是其他派别。总而言之，任何激进势力在一个国家的做大无论对这个国家本身，还是对他的邻国或邻居都不是一件好事儿。

因此，我还是希望以色列还是能够向欧美发达宪政国家这个方向去靠拢，而不要因为自己身处阿拉伯世界，被阿拉伯国家包围，变相造成它在制度和文化上被阿拉伯国家同化，变成中东或是拉美、非洲国家。归根结底，顺利解决政教关系还是为以色列自己好。也只有真正建立在世俗国家原则上的宗教自由，才能产生真正的宗教信仰。对于这个问题，大国正统信仰的彻底失败崩塌可以提供很多启示。当然，这涉及一个更大的话题，以后再慢慢讨论。

注：感谢梅子邀请讲座并整理文字稿。

国际时政群对以哈冲突的讨论精选（上）

综合编辑：Greg

导语：巴以冲突发生以来的几周内，各时政群讨论、争论、开骂可以说夜以继日，不分昼夜，情绪高涨，一天可以涮几千条信息。其中不乏认知肤浅的口水战。如何评判这次巴冲突？不妨引用以色列历史学家 Yuval Harari 之言："人类永远无法纠正过去已经发生的事情，无论做了什么，都是过去了。如果任何社会、种族、国家想要避免流血，就必须团结一致。没有绝对的正义。要求正义永远不会带来和平，它往往会导致永久的屠杀、战争……哈马斯恐怖分子必须被铲除，战后内塔尼亚胡必须辞职，必须建立一个巴勒斯坦主权国家。巴勒斯坦人必须承认以色列的存在，以色列必须允许巴勒斯坦人拥有自己的国家，在自己的家园过上有尊严的生活。缺少其中任何一个要素，该地区的屠杀，战争都将永无休止。"——这是否为解决巴以冲突，实现该地区长久和平的真知灼见？本文摘录了国际时政群近日内交流内容的精选，供读者节省时间，了解华语时政讨论热点趋势。本文将以上、中、下推文。

刘敏：这几天我翻阅了一些相关书籍，现在根本不是领土问题，而是阿拉伯极端组织要抹去以色列的问题。以色列从一开始就不是非要占领大片土地，反而是以色列每次单方面撤出一些地区，换来的结果总是被变本加厉的恐怖打击。没什么好辩论的啦，哈马斯巴解组织等那么多恐怖血腥的活动，也用犹太人反击导致平民死亡来说事的，只能说他的内心根本不存在基本的正义，根本不懂得什么是正邪之分，辩论毫无价值，浪费情感遐思客：1948 年到 1973 年，以阿冲突的规律是：都是阿拉伯国家发动的，都是阿拉伯国家战败，丧失领土。

1948 **年以阿冲突**

以色列宣布成立。埃及，黎巴嫩，叙利亚，约旦，伊拉克联军发动入侵战争。

1956 **年以阿冲突**

埃及把苏伊士运河收归国有，对以色列船只关闭蒂朗海峡。以色列入侵西奈半岛，占领加沙地带。美国和联合国施加压力，迫使双方停火。以色列撤出埃及领土，埃及保证以色列船只航行自由。

1964 至 1967 **数次水源战争**

50 年代到 60 年代，以色列完成了巨大的引水工程，把约旦河水引导到伊盖夫沙漠地区，使得那里可以成为居住区。阿拉伯国家开始自己的引水工程，试图改变水流方向。此举引发叙利亚与以色列的数次冲突。

1967 **年战争**

阿拉伯国家放弃了阻挠以色列引水工程后不久，约旦与埃及签署共同防卫条约。5 月，纳赛尔总统宣布关闭蒂朗海峡，在边境部署军力，命令联合国观察员离开。6 月，以色列发动军事进攻，开始 6 日战争。以色列占领戈兰高地，东耶路撒冷，西奈半岛，加沙地带。

1973 **年战争**

10 月 6 日，叙利亚和埃及军队突然向以色列发动进攻。因为事发突然，以色列三天后才开始总动员。因为以色列的反应慢了，其他阿拉伯国家纷纷加入战争，以石油武器要挟美欧日。以军扭转战场局面后，苏联威胁直接介入，力图阻止以军全面击败阿拉伯联军。由于顾虑核冲突，美国最终安排了停火协议。

https://en.m.wikipedia.org/wiki/Arab%E2%80%93Israeli_conflict

龙城老安：转发—张千帆《解决巴以冲突和自由派纷争的钥匙》（摘要）：

最近，哈马斯对以色列发动恐怖袭击。类似的袭击以及以色列的报复行动已成为巴以冲突不断重复的旋律，只是这一次规模更大。我发表了两年多前针对类似行动的一篇评论，基调是“一个巴掌拍不响”，大意是巴以冲突七十年延绵不断，双方都有责任。不料这句话在微信朋友圈发表后，即受到右派们猛烈抨击。

我想，成年人是没有必要喊三遍“消灭哈马斯，胜利属于以色列！”才能开始讨论正题的。尤其是知识人的首要使命并非表达道德义愤，而是要弄清是非曲折，还原事件发生的真实原因。

重申一下自由派在巴以问题上应当采取的立场：以色列对巴勒斯坦土地的蚕食鲸吞是产生哈马斯等巴勒斯坦激进组织的一个（未必是唯一）重要原因，但“原因”(cause)不是“理由”(justification)，任何行为都不能为针对平民的恐怖主义袭击辩解；另一方面，虽然打击恐怖主义显然正当，但不能殃及对方的无辜平民。到此为止，巴以问题的道德判断似乎很简单。

但如果打击恐怖主义和保护平民不能兼得，问题就不那么简单了。与此相关的一个复杂性是，如果会伤害更多平民，武力打击恐怖主义能否达到消灭恐怖组织的目的？产生恐怖主义的原因不能被拿来作为恐怖袭击的理由，因而美国大学某些学生组织据说对哈马斯表示支持，这显然是不对的；但原因仍然需要分析，否则不可能从根本上消灭恐怖主义。因为原因不构成理由而拒绝分析原因，同样是不对的。既然哈马斯发动了恐怖袭击，我个人对“消灭哈马斯”是没有问题的，譬如对其首领实施“定点清除”就挺好。

问题是，仅此恐不足以消灭哈马斯组织。由于哈马斯武装力量混迹于平民之中，对加沙地带的大规模攻击不可避免会伤及大量巴勒斯坦平民，由此产生显然的道德难题。如果消灭一半的哈马斯力量会杀害 1/5 巴勒斯坦平民，这仗到底是打还是不打？既然不可能把加沙地带的全部巴勒斯坦人都杀掉，哈马斯力量就不可能清除干净，除非以军甘冒巨大的伤亡风险，挨家挨户搜索哈马斯武装分子。在目前处理巴以冲突的模式不变的条件下，我相信哈马斯是消灭不掉的，甚至可能越消灭越多。

显而易见，巴以冲突早已陷入恶性循环。哈马斯等极端力量的周期性恐怖袭击造成以色列右翼势力长期执政，右翼势力的强硬政策进一步激发巴勒斯坦人的普遍不满，产生更多的哈马斯……“消灭哈马斯”也许是实现巴以和平的必要手段，但把注意力聚焦于这个手段很可能产生事与愿违的结果。哈马斯与内塔尼亚胡是一种共生现象，有的国外媒体甚至将二者视为一种“事实联盟”。

更成问题的是，以色列的支持者似乎普遍存在以立场定事实的现象，不愿意承认以色列的强硬政策是助长哈马斯等巴勒斯坦极端力量的原因。自由派大都喜欢以色列，我也认为以色列建国后取得了相当不错的宪政成就，但这并不能为其在巴以冲突中政策失当乃至严重侵犯人权提供借口。

当然，以色列的支持者可能会说，一切都是巴勒斯坦恐怖分子造成的，但过去七十多年的历史恐怕不会这么简单。抨击者因为喜欢以色列而一边倒，对以色列尤其是其右翼强硬派强占巴勒斯坦土地、造成大量巴勒斯坦人流离失所的基本事实采取选择性失明。

华人一般都不是中东问题专家，没必要对自己的中东历史认知太自信。如果连对美国大选的认识都会出差错，有什么理由认为自己对巴以冲突是非的认知是绝对真理呢？既然自己的认知也可能出错，为什么遇到不同意见就要开骂呢？你表达对哈马斯的义愤固然好，但别人表达对巴勒斯坦人的同情并不等于认同哈马斯，批评以色列也不等于为恐怖袭击洗地。要求别人和你一样表态，本身就是极权体制下养成的“二极管”思维习惯。

然而，华人简中圈似乎特别喜欢义正词严地骂人。为什么会这样，我也一直纳闷。据初步观察，大致总结出以下四点：

一是上面所说的过于简单的极权主义认知模式，认为凡是有黑就有白，冲突双方必然有一方正义、一方邪恶。

二是由于国内的言论控制与洗脑，确实存在大量没有基本是非和道德底线的粉红、“五毛”，平时自发或受人指使发表一些突破底线、令人气愤的言论。这类言论当然需要批判，但自由派容易把批判的义愤投射到自由派内部的不同意见上。这样的批判就很容易出格，引发相互指责甚至人身攻击，一开始就偏离理性讨论的正题。

三是自由派在国内受气，容易产生慕强心理，希望发达民主国家能有强者为自己出气，或作为寄托希望的对象。特朗普这样的强人、以色列这样的强国自然就成为这些人的崇拜对象。……但慕强并不能让我们变得更强大。正义本身就是一种力量。一旦背弃了它，我们反而会变得更一无所有。

最后我想强调的是，道德信仰“武器化”似乎是华人中比较普遍的习惯。道德信仰不是用来约束自己的行为规范，而成了彰显自身道德优越感和攻击非信仰者的工具。尤其随着华人基督教圈子的扩大和美国福音派的政治崛起，这种现象较为常见。信仰基督似乎主要不是为了让自己变得更善良，而是为了突出非信仰者的“罪恶”。在讨论政治问题过程中，这些人也常常急于彰显自己的政治正确和道德优越感。

简言：千帆此为箴言：“对人格的平等尊重不仅是自由派之间相互承认的社会契约之基础，也是巴以和平的基础。巴以问题可以说是二战之后殖民主义的最后一个悲剧性遗产。不论有什么联合国决议撑台，在没有征求地方居民同意的前提下建立一个外来人的国家，即已埋下巴以冲突的种子。没有建立在平等尊重基础上的社会契约，耶路撒冷就不可能实现和平。要实现这个地区的永久和平，犹太人和巴勒斯坦人必须相互承认对方的平等尊严，以和平谈判而非武力方式解决双方的分歧。”

临风：为什么简中圈特别喜欢义正辞严地骂人？张千帆教授提出的四点十分到位，特别是第四点：道德信仰“武器化”！难道这也是文革余毒？我觉得，急着选择站队，用部落心态去定调，而不是去耐心地了解全貌，用同情、同理的态度去面对冲突，这种文化上的快餐主义非常明显。经过 ZG 数十年的打造，难道这已经是华人的民族性了？

遐思客：以色列工党一直是接受两国方案的，愿意谈判领土，首都。在 2000 年戴维营谈判失败后，工党开始失去民意支持。我相信，内塔尼亚胡后面的新政府会接受两国方案。那么，在巴勒斯坦有广泛民意基础的哈马斯接受吗？就算法塔赫接受。它有能力控制哈马斯吗？

余佳家：英国《卫报》揭露以色列的一个机构是如何干预民主选举的

https://mp.weixin.qq.com/s/9mnLdfJNitZngoUcKOG_rw

遐思客：题目有点误导，让人感觉是以色列的政府机构在干预别国选 Team Jorge 是个人行为。他有一家公司，收费替人散步各种信息。

Revealed：the hacking and disinformation team meddling in elections

https://www.theguardian.com/world/2023/feb/15/revealed-disinformation-team-jorge-claim-meddling-elections-tal-hanan

余佳家：口头支持以色列的反恐战争，或是

美国(包括西方盟友)的大兵将被卷入一场加沙的地道战～或第三次世界大战！

黑洞：栀子花这个号已经发过很多类似的烂文章了，为了立场到处断章取义改头换面，没有任何信誉，原文链接其实是八个月前的事，可是这个号却没有说明。

余佳家：他翻译的也没有错呀？他仅仅只是翻译成一个以色列的机构。大家各自按照自己的立场去理解。

黑洞：我不是指责你，而是说那个公号不诚实，应该在引文开始注明这篇文章的出版日期。一般人会误以为是目前的时间。

8 个月前哈马斯恐怖袭击还没有开始呢，那时巴以关系看似比较和谐，以色列政府每天给加沙地带的巴勒斯坦人发放 1.5 万个签证，让巴人来以色列打工、看病。谁知道好景不长。是哈马斯眼看巴以关系缓和，还是眼看以色列与沙特即将建立友好关系。或者周围阿拉伯国家逐步认同以色列？然后哈马斯心生嫉妒？……

也就是说，8 个月前的以色列某机构干的这种事与现在八杆子打不着。

余佳家：以色列一个机构的勾当跟时间无关。他翻译转发的目的就是以色列并非干净无暇

如果内塔尼亚胡被证实不理会情报局的警告，由于失职带来的人命损失，他们两个都应该被判刑。

但目前战时状态，西方各国领导人与他站在一起，打击哈马斯。

我们的总理前天去了以色列，与内塔会面，表达奥地利坚决支持以色列自卫，打击哈马斯

按照这个我们思路继续：他们两个人为了个人利益，导致这场血腥屠杀，我们西方国家是否应该用我们的生命与纳税钱，替两个未来的罪犯继续犯罪？

黑洞：血腥屠杀谁挑起的？

余佳家：内塔尼亚胡与 Ben-Gvir 的极右以色列政府！

黑洞：他们只是失职，战争是哈马斯挑起的。

10 月 7 日哈马斯全面袭击以色列主要事件回顾。

10 月 7 日上午，5000 枚火箭弹从加沙地带发射到以色列境内。截至目前，哈马斯已经占领了全部的南部边境哨所和基地，以及至少 7 个以色列城镇或定居点。

下午，以色列驻俄罗斯大使宣布将与俄罗斯磋商此事，震惊了世界，说明以色列知道该找谁谈。

伊朗最高领袖顾问表布声明称，伊朗支持巴勒斯坦激进分子在以色列领土上发动的“阿克萨洪水”行动。

继美国驻以色列大使表态支持以色列后，13：15 英国外交大臣詹姆斯·克莱维利表示，伦敦“明确谴责哈马斯对以色列平民的可怕袭击”。他还表示，英国政府将始终支持以色列的自卫权。

德国外交部长安娜莱娜·贝尔博克表示，柏林也谴责从加沙地带对以色列发动的恐怖袭击。她说，针对无辜人民的暴力和火箭袭击必须立即停止。贝尔博克强调，德国完全支持以色列国防军，并补充说，根据国际法，以色列有权保卫自己免受恐怖袭击。

13：00 以色列紧急服务部门报告称，自哈马斯发动恐怖袭击以来，以色列境内已有至少 22 人死亡。由于许多社区的战斗仍在继续，受害者总数可能要高得多。另据了解，数百人受伤。同时承认南部目前失控，具体情况不明。

12 点 50 分，以色列国防军证实恐怖组织哈马斯武装分子深入以色列境内，目前控制了 7 个以色列社区，还占领了以色列和加沙地带之间整个边境的城市。

12:06 以色列国防军新闻秘书丹尼尔·阿加里表示，以色列军队将在不久的将来袭击加沙地带。此外，国防部发言人指出，国防部队目前的重点是清理该国南部的人口稠密地区。继续向敌对行动地区派遣更多部队。

11:58 以色列总理本杰明·内塔尼亚胡在恐怖组织哈马斯大规模袭击后发表首次公开声明宣布全国处于战争状态。内塔尼亚胡还承诺，“敌人将付出他们以前从未知道的代价”。

10:52 以色列国防部长约夫·加兰特表示:“哈马斯今天早上犯了一个严重错误，向以色列国发动了战争。以色列国防军士兵正在各个渗透点与敌人作战。以色列将赢得这场战争。”

10:45 大规模火箭弹袭击后，哈马斯恐怖分子继续用小武器杀害以色列居民。该国南部的和平居民被迫逃离。与此同时，武装分子继续从背后向平民开枪。目前尚不清楚以色列上午发生的袭击事件造成的确切受害者人数。

10:05 巴勒斯坦恐怖分子乘坐越野车进入以色列境内，携带机枪、轻武器和榴弹发射器。此外，部分武装分子还携带降落伞“降落”在以色列。

09:00 以色列国防部长约夫·加兰特宣布加沙地带半径 80 公里范围内进入紧急状态。该领土包括特拉维夫和贝尔谢巴等大城市。这样的命令允许军事人员限制人员聚集并关闭他们的行动区域。此外，以色列遭到突然袭击后，国防部长批准大规模征召预备役军人。征召的预备役军人的数量将取决于军队的需要。

08:50 以色列国防军发布了一张地图，显示了受大规模火箭弹袭击最严重的地区。该部门还表示，他们已做好对抗恐怖分子的准备。还证实恐怖分子从加沙地带进入以色列。以色列居民被要求留在家中。

值得注意的是，以色列军方对加沙地带进行空袭。这次袭击发生在哈马斯发动突然袭击近两个小时后。

以色列陆军参谋长赫尔齐·哈勒维中将负责评估并批准行动计划。他表示，此次袭击的幕后黑手以及哈马斯将对由此造成的后果负责。以色列国防军也宣布已做好对巴勒斯坦开战的准备。

8 时 30 分，火箭弹连续发射已持续两个多小时。哈马斯越过边境渗透到该国南部多座城市。恐怖分子也借助降落伞、船只和地面车辆闯入以色列领土。

哈马斯军事指挥官穆罕默德·德伊夫发表声明，称清晨的袭击和渗透以色列是“伟大革命的一天”。恐怖分子呼吁以色列阿拉伯人拿起武器加入袭击。他还呼吁在黎巴嫩、伊拉克和叙利亚进行“伊斯兰抵抗”。

黑洞：不必立场先行吧，我知道你的意思，一切都是以色列造成的。

余佳家：请你把时间表再提前几个月，你的答案就出来。上面中英文两个不同记者，两个不同频道。如果仅仅一个小时的时间你都懒得投资去看看，我们真的没有什么继续探讨的。

黑洞：你解释一下以上我发的信息吧，哈马斯恐怖袭击前，内塔政府每天给加沙人发放 1.5 万签证让加沙人来以色列打工看病！

所以哈马斯的对手无寸铁的以色列贫民的恐怖袭击是以色列造成的？

余佳家：澳洲的 ABC 的外国来信节目～《开战之前》。

就在恐怖袭击的几周之前，澳洲 ABC 的“外国通信”节目（Foreign Correspondent)就在加沙与约旦西岸做过实地采访。获奖记者 Stephanie March 在专题“开战之前”中报道说，2023 年(恐袭之前)西岸是十五年以来双方死亡最惨的一年。她还说，我们得到警告说，以色列政府有些人正在玩火～他们正在为进入新占领区的犹太定居者撑腰壮胆。

去年底内塔尼亚胡组建了一个历史上最为右翼的联合政府，其中包括极右宗教组织以及极右民族主义政策。这些极右分子掌控着以色列的定居政策。

新政府当政后即刻宣布，犹太人在整个地区(包括约旦西岸)具有不可争议的单独拥有权。政府这种语言与行动在本地区日趋激烈的矛盾之中火上加油。

接待澳洲记者 Stephanie 的是前以色列军方第二号人物 Yair Golan 说，这个政府什么都不懂，他们根本没任何能力管理这些事务。

报道说，一个极右政党 Otzma Yehudit“犹太实力”的负责人本·格维尔 Itamar Ben-Gvir 是个被法庭判过刑的罪犯，他被内塔尼亚胡任命为以色列国安部长。“战争之前”节目中的其他犹太人认为 Ben-Gvir 是真正的恐怖分子。

PLS Google ABC Foreign correspondent ~《Before the War》

https: //www.abc.net.au/news/programs/foreign

余佳家：以色列的种族隔离是怎样摧毁了我的家乡。

～Dena Takruri 美籍巴勒斯坦记者。

我最近听到很多人说，巴勒斯坦人生活在以色列的国度里，享受着自由与幸福的生活，看看这个视频，一位美籍巴勒斯坦新闻工作者，一年以前在以色列/巴勒斯坦采访拍摄的。她父亲出生长大的家乡：Hebron, 约旦西岸的希伯伦。https: //youtu.be/aEdGcej-6D0?si=981skB2lsa5SxUdv

黑洞：以色列扩建定居点是必须谴责的，但是这不能构成哈马斯恐怖袭击的理由。既然以色列是一个国家，10 月 7 日针对贫民的恐怖袭击，以及之后的袭击，以色列的自卫是合法的。这是一个国家保护其人民的职责。最终还是需要巴勒斯坦的温和派与以色列坐下来谈，打算长久和平相处之道。

余佳家：@黑洞 2 上面中英文几个不同记者，几个不同频道。都来自于民主国家的平台！！！！如果仅仅一两个小时的时间你都懒得投资去认真看看你视野之外的世界，我们真的没有什么继续探讨的必要。求求你去看看再说好吗？

临风：今天读到 John Fea 介绍 Mike Johnson（新当选的国会议长）。原来他是标准的宗右，是位很认真的保守浸信会联会（CBN）的信徒。但是，他心目中的“导师”就是 David Barton 和他的 Wallbuilder，学到那种 pseudo- historian 的垃圾。他的亲密战友就是 Tony Perkins 和他的 Family Research Council。想想看，如果你的解经原则来自这批基要派，这批祭司们，你能够不变成基督教民族主义的旗手？一点不奇怪，garbage in, garbage out！我们要怪福音派，还是那批福音派的祭司们？

https: //currentpub.com/2023/10/26/who-is-mike-johnson/?utm_source=feedblitz&utm_medium=email&utm_campaign=Daily Digest&utm_content=2023/10/26

建议各位读读这篇文章，得到一个整全的视野，才不会继续争执是谁的错了。

（《时政大视野》第 88 期）

国际时政群对以哈冲突的讨论精选（中）

综合编辑：Thomas

导语：巴以冲突发生以来的几周内，各时政群讨论、争论、开骂可以说夜以继日，不分昼夜，情绪高涨，一天可以涮几千条信息。其中不乏认知肤浅的口水战。如何评判这次巴冲突？不妨引用以色列历史学家 Yuval Harari 之言："人类永远无法纠正过去已经发生的事情，无论做了什么，都是过去了。如果任何社会、种族、国家想要避免流血，就必须团结一致。没有绝对的正义。要求正义永远不会带来和平，它往往会导致永久的屠杀、战争……哈马斯恐怖分子必须被铲除，战后内塔尼亚胡必须辞职，必须建立一个巴勒斯坦主权国家。巴勒斯坦人必须承认以色列的存在，以色列必须允许巴勒斯坦人拥有自己的国家，在自己的家园过上有尊严的生活。缺少其中任何一个要素，该地区的屠杀，战争都将永无休止。"——这是否为解决巴以冲突，实现该地区长久和平的真知灼见？本文摘录了国际时政群近日内交流内容的精选，供读者节省时间，了解华语时政讨论热点趋势。本文将以上、中、下推文。

黑洞：哈马斯军事指挥官穆罕默德·德伊夫发表声明，称 7 日清晨的袭击和渗透以色列是"伟大革命的一天"。恐怖分子呼吁以色列阿拉伯人拿起武器加入袭击。他还呼吁在黎巴嫩、伊拉克和叙利亚进行"伊斯兰抵抗"。

dd：这不是一场局部战争，这是两个阵营的最后摊牌。

黑林山人：我个人觉得这次主要是跟伊朗有关，因为那些跟伊朗是对手的阿拉伯国家都跟以色列恢复了关系，他们想破坏这个关系，而最近以色列内部因为司法改革造成内部分裂，被哈马斯误解了，再有就是极右翼政府在以色列，特别是在耶路撒冷对巴勒斯坦人的高压，这些都是因素，这次以色列情报机构没有作为，应该也是内部混乱的一种表现，这个袭击是对以色列政坛的一击，让他们清醒，目前执政党和在野党在谈判组成一个联合战时政府，哈马斯应该会推出历史舞台了，但以色列和巴勒斯坦人的问题目前没有解决的方案。

黎平：以色列要永久解决周边的冲突问题，应该做两件事：对叙利亚和伊朗持续进行斩首行动直到温和派上台，或者民主在叙、伊实现。

Jingyi： 哈马斯从来就不是什么"解放者"，而是人类文明之癌。

dd： 土耳其领导人塔伊普·埃尔多安警告拜登："请美国不要参与干涉以色列和巴勒斯坦的事务。我们将不惜一切代价保卫巴勒斯坦"。

yucast：美国军舰进入应该是遏制叙利亚和伊朗明面上不要轻举妄动，以色列大概不需要美国对付伊朗和叙利亚。人质才是真麻烦。

dd：我的理解米帝军舰主要是监控以色列不要军事扩大化，不要与伊朗节外生枝，米帝大选前，拜登需要的稳定，稳定压倒一切。

遐思客：首先，大批犹太人到达英属巴勒斯坦并非阴谋，而是欧洲排犹的结果。其次，联合国投票划分两个地区是在族裔冲突的情况下做出的决定，也不是阴谋。

https://www.vox.com/2018/11/20/18080016/israel-zionism-war-1948

所以，今天完全没有必要以 1948 年划分为基本原因，杨巴抑以。应该以平衡的立场推动以巴和解。

Oslo 协议是阿拉法特签字的。这表明平衡为基础的和解是可能的。

如果非要追究 1948 年联合国决议的合理性，那就只能否定以色列的存在，必须像哈马斯和伊朗那样，以消灭以色列为目标。和平共处是以巴冲突的唯一出路。如果非要把欧洲各国冲突的历史旧账算清楚，欧盟是建立不起来的。

Yuzhang： 要想有点和平进展，必须设方先排除双方极右的影响，尤其是以方，因对巴方根本无法，哈马斯这类只是结果，属于灭不光的一一只要以方极右掌权，就会不断催生，何况，哈巴斯最初本来就是以方极右扶持起来的！

yucast： 解释一下哈马斯是被以色列极右扶持的。

Yuzhang： 早有这种报道，当然很难查实，但至少实际发展效果明显如此。两方极右原来都没什么影响，尤其是双方开始和解后，如果不是某方极右强硬派能闹事，另一方极右绝对没戏。而且对于双方发展而言，聪明人都清楚，极右彼此闹大至少客观上对双方都有利，并能越闹越大，因此如果对方没有相应的势力也会设法造一个出来。巴方极右实力本一向极小，只有以方极右有此能耐启动这一程序，至于是直接或间接扶持或激发对方，其实已经无关紧要了，双方极右共生共存共荣，一直是既成事实。

赵名：如果以色列坚持剥夺挤压无视巴勒斯坦，你永远别想铲除什么恐怖主义。

Joy 蒋：好像以色列基本承认巴勒斯坦 as a country，巴勒斯坦基本不承认以色列 as a country

遐思客：以色列方面推动 Oslo 协议的主要人物是拉宾。所以他被以色列极端分子枪杀了。哈马斯不承认以色列生存权，政治谈判的基础都没有。以色列工党上台，也是要求巴方承认以色列生存权的。拉宾愿意与阿拉法特谈判，因为阿拉法特跨出了承认以色列生存权这一步。

赵名：以色列政府根本拒绝两国解决方案是病根子，上面就会长出恐怖组织毒瘤。

Joy 蒋：Two-state solution 巴勒斯坦人更不干。或许是因为贫穷加上伊斯兰的神权统治，巴勒斯坦人中激进的比例更多。

遐思客：因为巴解组织无法控制哈马斯和其他恐怖组织，成立了国家，以色列麻烦大了。现在巴解没有力量了，更加无法预测巴勒斯坦国的行为了。你确信，巴勒斯坦国家建立了，哈马斯这样的组织就承认以色列生存权了？

遐思客：是啊。所以我主张以色列走 90 年代工党拉宾、巴拉克的道路，巴勒斯坦走 90 年代巴解阿拉法特的道路，寻求双赢的和平共处之道。这需要双方共同的努力。

Yuzhang： 哈马斯这类组织之所以能壮大到失控，正是因为以色列政府走向极右后不再遵守和约，不断在约旦河西岸地区增加居民点扩大地盘，蚕食巴勒斯坦人的居住地区，并且形成分网式分割，即犹人居民点当然全部联接，巴人居住区实际形同网格，如同几百年前的殖民行为，于是当然使巴人越来越多放弃支持法塔赫的和平转型，转而支持哈巴斯的武装斗争乃至诉诸恐怖活动了。因此，说以极右扶持并推动了哈马斯的生长，至少在客观上是言之成理的，甚至说在主观上本就是其的维持掌权的策略乃至目的也接近事实。也因此，只有迫使以极右下台才可能有解

郑贵贤：巴以问题反映出人类政治智慧及其决断力不够认同网络上所言：哈马斯是巴勒斯坦人和以色列人共同的敌人！打击和铲除恐怖主义及其势力没有任何条件可讲，这种对内把妇女儿童变成人肉炸弹对外无差别屠杀并游街示众行为是人类共同的敌人！哈马斯治理加沙践踏巴以人民人权已久，秉承“人权高于主权”原则，区域攸关方中能主导问题解决的以色列理当早就应该终结其治理权。

Yuzhang: 以色列当局本来有足够实力占领并统治全巴勒斯坦地区，使巴人放弃任何有效抵抗，

更不必说让哈巴斯这类恐怖组织成长壮大，为何不做呢？反而在占领后又撤退呢？实际留下空间和时间让巴极端组织成长壮大，为什么？只要能回答以上问题，也就真明白为何以巴冲突问题为何至今无解了！

遐思客：巴勒斯坦和阿拉伯世界否认以色列的生存权，以暴力试图消灭以色列，不是因为以色列扩张后才出现的。巴勒斯坦和阿拉伯国家，从一开始就不承认联合国决议，不承认以色列的生存权。以色列一成立，阿拉伯国家就发动战争，试图消灭以色列。个别阿拉伯国家承认以色列，是很后面的事情。阿拉法特代表的巴解组织，一直以消灭以色列为己任，直到 90 年代。

以武力消灭以色列，是巴勒斯坦和阿拉伯国家一以贯之的传统。承认以色列的生存权，是反阿拉伯传统的事情。

Yuzhang：与阴谋论无关，而是制度问题。想想巴的人口比例，以的政治制度，以及伊拉克今天为何会如此！

遐思客：要和平解决以阿问题，政治前提是，双方必须互相承认对方的生存权。哈马斯这样的组织，根本不承认以色列的生存权，如何谈判？

Yuzhang：只要以愿意统治巴全部，哈巴斯根本长不大，何须谈判？

遐思客：美国是以色列的实际保护国，美国不能容忍长期的镇压。

Mark：在以色列受到严重恐怖袭击之后，不断指责受害者，跟当初普京发动侵略战争之后指责乌克兰政府腐败一样虚伪。

遐思客：Oslo 协议是不是美国克林顿政府协助签署的？“万恶的”美国政府居然帮助以阿签署和平协议？Oslo 协议的政治前提是，以阿双方承认对方的生存权。

阿拉法特的巴解组织，一开始是以消灭以色列为目标的，认定犹太复国主义是西方压迫阿拉伯人的阴谋，然后一直采取武装斗争的方式。到 90 年代，阿拉法特改变立场，承认以色列的生存权，所以才有 Oslo 协议。现在的哈马斯，不承认以色列的生存权，其实是早期巴解的翻版。

以色列成立的第二天，阿拉伯国家就发动战争，试图消灭以色列。以色列是接受联合国 1947 年决议的。上面“义正词严”谴责以色列、美国为万恶之源的人，不知道什么是 Oslo 协议？

遐思客：Oslo 协议最终失败，双方极端势力都有责任。哈马斯难逃其咎。以色列工党在选举中一路惨败，是因为以色列民众觉得工党的和平共处政策不能得到巴方善意响应。

Mark：和当年 911 恐怖袭击之后，轻描淡写谴责恐怖分子之后，以大篇幅“分析”为什么悲剧是美国人自己造成的，去年普京发动侵略战争之后，大篇幅论述美国北约如何对俄国构成了威胁，是同一帮人。

遐思客：作需要说明的是，当今国际社会主流，是承认以色列生存权的。今天的局面，是以阿双方极端势力互动的结果，不是单方面的责任。

简言：国际人权组织 2021 年 4 月发表的中立观察报告，题目是《跨越红线——以色列当局在巴勒斯坦被占领土上的种族隔离与迫害罪行报告》；报告原文链接在此：

https://www.hrw.org/report/2021/04/27/threshold-crossed/israeli-authorities-and-crimes-apartheid-and-persecution

Joy 蒋：只要想到阿拉伯国家女人的处境，我就没法支持他们。

遐思客：美国对以色列的支持很大程度上是与伊朗相关的。

名家辩义：今天听到了新闻报道，斩首婴幼儿。哈马斯者，兽类也。以色列同这种类和谈，换着任何人，大概都不可能忍受这种兽性。

Joy 蒋：早上听到一个以色列（似乎是发言人？没听到开头）接受采访：1）我们在和哈马斯打仗，这场战争是他们强加于我们的；2）我们在轰炸哈马斯据点前通知平民离开。记者：可是加沙四面被围啊。答：是让他们离开轰炸的哈马斯据点所在地区。3）哈马斯使用我们提供的电力制造火箭弹，炸毁了部分电网。现在你是要我们修好电网然后方便哈马斯继续造火箭弹炸我们？We're at war. That's not how things work.

遐思客：以巴问题的解决之道是什么？许多人认为，以军退出所侵占的巴勒斯坦领土，停止欺压巴勒斯坦民众，一起都会好起来。我认为，这是错误的思路。

以巴问题解决之道是一个双方都能接受的政治方案。这个政治方案的基本起点在于，双方承认对方的生存权。这正是 Oslo 协议的起点。

有了这样为双方接受的政治解决方案，边界线和领土范围都是可以谈判的，可以改变的。Oslo 协议讲到了，领土安排以后阶段可以谈判。

所以，以军撤退不是现在的当务之急。首先需要的，是一个框架性质的协议，起点是双方承认对方的生存权。

以然风雨：关于中东战端，要认清几个问题：1 不是巴以冲突，而是哈马斯恐怖袭击；2 不是民族权益问题，而是人性底线问题；3 不是历史遗留问题，而是现代契约问题；4 不是领土纠纷问题，而是价值取向问题；5 不是宗教信仰问题，而是政治制度问题。自由民主平等是和平富裕繁荣的充要条件，也是人类正义的最高体现。

巴以问题不要再翻陈芝麻烂谷子，就六个标准：1 谁的制度更先进更民主？2 谁的政府更清廉？3 谁的公民更拥有自由和尊严？4 谁更富裕繁荣发达？5 谁对世界的贡献更大？6 谁破坏和平（挑起战端甚至针对平民发动恐怖主义）？

临风：相信没有人会支持哈玛斯恐怖组织吧？我们应当切割哈玛斯组织与巴勒斯坦的一般阿拉伯人！

https://udn.com/news/story/123777/7496677?from=udn-relatednews_ch2

Jingyi： 哈马斯恐怖分子不仅仅肆意屠杀成年人，幼儿园的孩子，养老院里的老人都没放过！昨天以色列发现多个村庄被屠村，40 名婴儿在基布兹托儿所里被恐怖分子集体斩首！他们还把尸体堆在一起焚烧，企图毁尸灭迹。西方媒体记者已被允许进入事发现场，他们被眼前的惨况震惊。（视频，省略）

遐思客：哈马斯领导人在电视台公开承认，他们为本次袭击准备了两年。俄罗斯是同情哈马斯的。

济南之阳：现在的以色列更是妥妥的被本杰明·内塔尼亚胡为首的利库德集团绑架了的国家恐怖主义集团，对以民众可以参照纳粹德国时的民众，那时的德国民众既假正义之名残害犹太人也在自我戕害！高墙下 362 平方公里内的 320 万加沙民众可以参照奥斯维辛集中营！露天监狱。

刘敏：看看历史书吧，网络上特别是简中网上关于阿以冲突的观点基本都偏向恐怖组织，因为以前的阿拉法特是大锅的老朋友，后来的各种组织也都居于敌人的敌人就是朋友的原则，全部在胡说八道。本人近期又对以色列的历史做了大量的查阅找寻各种正统历史书籍，而非任何网络解读包括维基百科之类，全部拒绝。刚看到说的什么二战后犹太人的极端活动，同后来的简中解读一样都令人发笑。二战后，英国人迫于阿拉伯人的压力，在托管期判定巴勒斯坦地区许多犹太人是非法移民，并遣返他们回原居住国，同时颁布法令严格限制犹太人移民到巴勒斯坦地区，导致犹太人极大的不满并造成了冲突，但不是那个口口声声说的什么犹恐活动。由于冲突巨大，导致耶路撒冷等地直接由联合国管理，这也催生 1947 年联合国关于在巴勒斯坦建立犹太国家和阿拉伯国家决心的尽快出台。

当哈马斯如此无耻残忍杀害那么多犹太平民及其他国家平民时，还有人将以色列的反击说成恐怖的，根本没有资格在这个群里。这不是观点之争，而是人性之争。

Sundy： 以色列有左派的拉宾也有右派的内塔，阿拉伯国家就都是右派，前赴后继的打仗，输了才不得不退场，逐渐变成容忍派。巴勒斯坦就只有贪腐的法塔赫，和始终恐怖的哈马斯。巴解是一直把恐怖主义当成生意来做，以色列为生存而战，哪个是恐怖主义？历史和现代之间的不同生存逻辑。

Yugei Li：请问，以色列1200平民遇害是不是事实？真实了没有？谁屠杀的？如果这个罪行不谴责却拿那些没有证实的信息抹黑媒体，大概属于避重就轻混淆是非吧。

刘敏：只要稍微有点正常历史知识和人性常识的就知道，以色列在按照联合国决议宣布独立的两个小时后，埃及伊拉克等五个阿拉伯国家已经包围了以色列开进以色列境内，阿拉伯人以为一定会抹去以色列，结果大家知道啦。

Joy 蒋：说真的，侃什么历史，装什么正直啊。一边是完全以平民为目标的屠杀，一边是报复过火伤到平民。以色列好歹还呼吁一下加沙平民撤离。无奈同为阿拉伯人的埃及拒绝建立人道通道，让难民进入。估计也是怕重蹈约旦黎巴嫩覆辙？

胡晓江：不说是谁发动的战争，只谈失去亲人，不是耍流氓是什么？以色列通知平民尽快撤离，而哈马斯突然袭击音乐会，有可比性吗？

Jingyi：以色列也是一个非常多元化的社会，各个国家的移民，宗教也分派别，世俗大多属于中产精英，好的教育背景，开朗善良乐于助人。定居点一些非常保守的宗教社群是以色列的一个幽暗角落。

夕阳西下：任何借痛斥以色列而为哈马斯暴行开脱的群友，建议先谴责哈马斯恐怖分子的残暴，然后再上下五千年、纵横八万里展开论述，这样会让人比较容易接受，不要一上来就是几十几百甚至上千年前如何如何，毕竟现代文明和百千年前不同。

Joy 蒋：国际社会谴责以色列推进加沙定居点的声音一直没停过。何必在哈马斯这么残暴屠杀平民引起以色列报复的时候，在这里假惺惺地显示自己公正呢？

蔡抗：回到轰炸与谴责。哈马斯音乐会屠杀平民的事实是无争议的，应当谴责哈马斯的恐怖主义行为。如果以色列的轰炸主要目标是哈马斯不是平民，且对平民的附带伤害有限，这是打击恐怖主义的正当行为，不应谴责。因有平民伤亡而笼统谴责以色列轰炸且与哈马斯的恐怖主义行为相提并论的观点，是错误的。

刘敏：谁是巴勒斯坦平民？谁是加沙平民？他们在2005年以色列人单方面撤出加沙，2006年他们迫不及待地选择誓要消灭以色列的哈马斯上台而非主张与以色列和谈的法塔赫，尽管加沙在被以色列控制期有秩序有工作有饭吃有学校等等，他们迫不及待响应哈马斯多生育的政策，让弹丸之地人口膨胀至两百多万，但是哈马斯给他们什么呢？仇恨，失业率超过50%，外贸出口降到以色列控制时的2%，极度贫穷靠以色列定期开放口岸给他们赚点活路钱。

Joy 蒋：记得以色列撤出过加沙？但并未换来和平。反观埃及，以色列把西奈半岛还给埃及后，基本达成了和埃及的和平。但是，巴勒斯坦还没成为一个真正意义上的国家——法塔赫和以色列达成协议了，总是被更激进更暴力的派别破坏。哈马斯号称要抹去以色列，以色列总不可能自杀换和平吧？何况哈马斯啥的，又使得以色列的极右势力抬头……前景悲观。

（《时政大视野》第89期）

国际时政群对以哈冲突的讨论精选（下）

综合编辑：Greg

导语：巴以冲突发生以来的几周内，各时政群讨论、争论、开骂可以说夜以继日，不分昼夜，情绪高涨，一天可以涮几千条信息。其中不乏认知肤浅的口水战。如何评判这次巴冲突？不妨引用以色列历史学家 Yuval Harari 之言："人类永远无法纠正过去已经发生的事情，无论做了什么，都是过去了。如果任何社会、种族、国家想要避免流血，就必须团结一致。没有绝对的正义。要求正义永远不会带来和平，它往往会导致永久的屠杀、战争……哈马斯恐怖分子必须被铲除，战后内塔尼亚胡必须辞职，必须建立一个巴勒斯坦主权国家。巴勒斯坦人必须承认以色列的存在，以色列必须允许巴勒斯坦人拥有自己的国家，在自己的家园过上有尊严的生活。缺少其中任何一个要素，该地区的屠杀，战争都将永无休止。"—这是否为解决巴以冲突，实现该地区长久和平的真知灼见？本文摘录了国际时政群近日内交流内容的精选，供读者节省时间，了解华语时政讨论热点趋势。

临风：哈马斯的政治目标由宗教幻想而决定。

与巴勒斯坦解放组织等世俗运动不同，哈马斯的最终目标并非世俗。对哈马斯来说，被以色列杀害的巴勒斯坦人都是殉难者，他们在天堂享受着永恒的幸福。死的人越多，殉难者就越多。

激进左翼与哈马斯等原教旨主义组织之间的联系在于对绝对正义的信仰。这种信仰导致他们拒绝承认这个世界现实的复杂性。正义是崇高的事业，但对绝对正义的要求必然导致无休止的战争。在世界历史上，从未达成过不需要妥协或提供绝对正义的和平条约。

经过一年来对以色列政治问题的深入研究，我担心至少内塔尼亚胡现任政府中的一些成员本身就相当固执于圣经中的愿景和绝对的正义——而对和平妥协兴趣不大。

哈瑪斯和內塔尼亞胡政府可以說是一丘之貉。

黑洞：看了你推荐的美籍巴勒斯坦人 Dena Takruri 制作的纪录片。比较匪夷所思，与以色列的网友说的完全不一样@余佳家。

刚与以色列人交流过，她说她周围有不少阿拉伯人，大家都和睦相处。

以色列政府否认以色列存在种族隔离政策。

如果以色列真有种族隔离制度，今年以色列的民主指数排名怎么排到世界第 23 名的？比美国还好（参见经济学人世界各国民主指数）。

黑洞：转发—六便士《消灭哈马斯，自由属于巴以》（摘要）

仅仅一句谴责或反对滥杀以巴无辜平民的说辞并不能抵消此次哈马斯兽性屠戮的现实罪恶。我不能不说，这样实际上无益于穆斯林目前在世界范围尤其是在中国大陆的负面影响，也令无数信任穆斯林文化的人非常沮丧！

有人说，以色列早期很多领导人都是恐怖分子。的确，以色列立国者们曾经也多是反抗英国人的所谓恐怖组织伊尔根组织的成员、组织者甚至创立者，因为作为奥斯曼帝国遗产的管理者，当时英国人主要依靠阿拉伯传统贵族集团治理巴勒斯坦地区，并阻止海外犹太人抵达由早期犹太人合法买下的以色列社区和定居点。关键是，是以色列建国后，开始民主进程的以色列政府强行解散了伊尔根组织。

也许我们应该承认，伊尔根理念并没有完全消散，它甚至成为了以色列国家强权意志的一种精神来源，尤其是在阿拉伯人主动放弃联合国分配方案并联合入侵以色列国之后。从此，地区格局、战争性质都彻底改变了，强敌环伺，只能以剑抵剑！

因此，我不能不说，巴勒斯坦及阿拉伯激进组织与以色列极右势力同为以巴僵局的难解之扣。但在以色列，毕竟反对的声音不仅可以自由表达，阿拉伯人也可以自由发表自己的声音！而在巴勒斯坦控制区包括整个阿拉伯世界，反对的声音几乎没有一点表达空间，即使在相对开放的马格里布地区，如埃及、突尼斯，批评阿拉伯世界关于对以政策的声音都是要遭到压制甚至私刑处死的。

我非常欣赏朱其先生的一段话，并非常乐意抄录于此："最近看伽达默尔的一本访谈录。其中说到哲学、伦理和政治三者的区别：哲学是一个'求真'的问题，伦理是一个'求善'的问题，政治则是一个'求好'的问题。这个区分非常清晰，就比如，国人现在喜欢谈论国家政治，往往从道德伦理角度，来谈论国家这样做不道德，那样做才正义。但国家是超善恶的，无法从善恶的角度来评价。

事实上，我非常同情巴勒斯坦普通民众的遭遇，尤其是每天进出以色列工作的 2 万多巴方加沙地带工人，他们被迫需要携带有效证件，接受通关检查……但我不能不说，事实上，这些工人的待遇远好于中国大陆普通民众的日常生活和基本待遇！

多年来，大多数中国人受国际某些媒体尤其是大陆媒体的浸染太深，对加沙地带非对抗或非冲突时间的日常现状根本一无所知。就像很多人对日据时期的中国城市百姓日常生活一无所知而仅仅沉浸于教科书政治立场的宏大叙事里！于是，便有了"露天监狱"之说，以"圈禁"之词来形容日常意义的加沙！

……

还有一点是很有趣的，很多国人认为哈马斯高层如何如何贪腐，却根本不知道当年正是哈马斯自己的高度廉洁，与民众同甘共苦，尤其是对加沙老百姓日常生活全力以赴的服务照顾等与法塔赫高层的极度贪腐形成的鲜明对照才是使巴勒斯坦民众迅速倒向哈马斯的一个最重要因素，其作用力远远高于哈马斯自己的所谓政治主张。

作为一个地区大国，一个有着国际影响力的民主政体，以色列政府是必须要考虑自己国家的国际形象的，以及长期以来坚定的但并非理所应当甚至无时不刻不受到谴责、指责、反思甚至恐怖威胁的美利坚支持和援助。而且，以色列政府还必须考虑国内舆论或党派压力，和国内强大的和平主义力量——国内大多数民众——至少是部分民众是具有文明世界标准和现代意义的国际视野的。

忽略或蔑视犹太人的生存权利和犹太人国家存在的合法性，那样的表达或文章基本上不值得参考的。

尤其是，不能因为今天巴勒斯坦人的困境而忽略了他们正是巴勒斯坦恐怖组织的被裹挟者，甚至，他们也自觉不自觉地充当了其恐怖活动的存在原因和基础。

作为以色列某种程度上国家强权的被压迫者，巴勒斯坦人具有天然的反抗权利，但如果他们追随的甚至选举出来的利益代表或权力机构（即便是被裹挟的）屡屡拒绝国际共识并完全无视国际协议，进而不断加剧这种困境，主要责任则不在国际社会和以色列方面。

以色列国的阿拉伯人是有自己的政党和和选票的，巴勒斯坦管辖区则根本容不下犹太人。阿拉伯打输了几次自己发动的战争后，利用后殖民时代的世界性反殖民主义激进思潮，利用欧美世界甚至以色列的民主生活，到处卖惨，完全无视犹太人和欧美民众的和平愿望和慷慨援助，一次次突破文明底线……

作为阿拉伯世界尤其是巴勒斯坦人的长期声援者，奈保尔先生说，阿拉伯人和伊斯兰教必须自省，必须改革，真正融入现代世界，成为每个阿拉伯人个体权利的拥有者和保护者。奈保尔先生对落后族群或国家的知识分子喊道：不要成为极端思想的启发者，不要煽动民族情绪，这是最基本的良知！

除了极端思想者和极端思想拥护者，绝大多数普通巴勒斯坦人还是相信欧美和以色列的，看看他们往哪里就学、工作就清楚了，就像目前正在润向美利坚的那些国人一样！巴勒斯坦和巴勒斯坦人的悲剧在于他们都被极端主义裹挟着！

我这么认为，本次由哈马斯发起的战争以及战争状态下所发生的各种可能性不应责难——至少是不要过于责难——首先受到直接伤害的一方。这也是一种不断有朋友问我对以巴问题的基本看法，我这样说吧：其实真不复杂，但也绝对很难解决！

黑洞：联系一下余佳家发的那个"How Israeli Apartheid Destroyed My Hometown" 视频，说明了以色列是一个民主国家，在以色列，毕竟反对的声音不仅可以自由表达，阿拉伯人也可以自由发表自己的声音！所以才会有那位美籍巴勒斯坦人 Dena Takruri 的采访。试问，巴勒斯坦控制区会准许一个揭露他们恶性的人采访吗？在巴勒斯坦控制区包括整个阿拉伯世界，反对的声音几乎没有一点表达空间，即使在相对开放的马格里布地区，如埃及、突尼斯，批评阿拉伯世界关于对以政策的声音都是要遭到压制甚至私刑处死的。

David Qin：如果以色列有意愿解决问题，撤出被占领土，它就不会每年化几十亿美元在约旦河西岸被占领土上建立新的殖民点。在这些殖民点上，已经有 70 万新居民了，能马上离开吗？如果以色列有诚意接受两国方案，它完全可以把解散哈马斯武装，把哈马斯排除出巴勒斯坦政治作为谈判的先决条件。

有诚意的第一个表示应该是立刻宣布停止建设新居民点。帮助西岸巴勒斯坦政府接管加沙，同时可以继续追杀对 10.7 大屠杀负有责任的哈马斯领导人。

但是这些正好是过去十几年 Netanyahu 政府反对的，这个政府请愿与哈马斯合作，用哈马斯反对巴勒斯坦政府，从内部分化瓦解巴勒斯坦，达到永久占领的目的。

刘少怡：哈马斯对以色列发动恐怖袭击已经数周了，很多生活在西方各国的华人极左翼人士的表演是太淋漓尽致，让我这个一直是支持西方左翼政党理念的人都感到汗颜。

在以色列遭受恐怖袭击，造成无数平民的残暴遇害，超过 200 个人质被绑架到加沙，哈马斯等巴勒斯坦组织每天仍然在无差别对以色列进行炮火袭击，世界各地支持巴勒斯坦的人在以色列以外的地方对普通犹太平民发出威胁，甚至进行恐怖袭击，在民主自由的西方世界，犹太人的孩子不能上学，犹太人的机构需要警察保护，连西方地方政府升以色列旗表示对以色列的同情，旗子都会被支持巴勒斯坦人撕扯焚烧，而以军到现在仍然保持克制，没有立即对加沙发动大规模的地面进攻，以色列临时政府听从盟国和联合国的劝阻，留下时间争取避免更大的人道主义灾难，这些等等，这些极左翼是看不见的，他们长篇累牍在批判以色列的不是，在他们眼里，只有巴勒斯坦人是受害者，而那些被恐怖分子残杀的平民不是，被哈马斯绑架的平民人质也不是，巴勒斯坦那些恐怖组织至今每天对以色列的炮击他们看不见，他们以为这样就能解决巴以问题？没有以色列的配合，巴以问题解决不了的。

这些极左翼人士为何不去劝阻哈马斯及其它巴勒斯坦人的组织，请他们不要搞恐怖袭击，请他们释放人质，请他们不要把无辜的巴勒斯坦同胞当作挡箭牌，请他们坐下来谈判！？

复杂的巴以问题只有大家都能坐下来谈判，

都愿意做出妥协才能解决，也期望以色列能吸取教训，战后极右翼政府能引咎下台，建立一个理智的新政府，重新反思之前的针对巴勒斯坦人的错误政策，但这些都是战后的事了。

综述结论：眼界决定思维广度，角度决定思维深度。

支持以色列有力反击和反对以色列反击的讨论和争论，双方各持己见互不相让，甚至互不相容在一起继续讨论。

追其原因，引用张千帆之语：巴以问题可以说是二战之后殖民主义的最后一个悲剧性遗产。不论有什么联合国决议撑台，在没有征求地方居民同意的前提下建立一个外来人的国家，即已埋下巴以冲突的种子。没有建立在平等尊重基础上的社会契约，耶路撒冷就不可能实现和平。要实现这个地区的永久和平，犹太人和巴勒斯坦人必须相互承认对方的平等尊严，以和平谈判而非武力方式解决双方的分歧。对人格的平等尊重是“自由派”的核心定义，也是自由派这个群体的“和平契约”之基础；没有这个要素，你至少不可能是完整意义的自由派。……一旦我们开始心平气和地对认知分歧找原因，许多分歧也就自然消失了。对人格的平等尊重不仅是自由派之间相互承认的社会契约之基础，也是巴以和平的基础。

交流讨论时政要闻，其意义不是为了输赢和所谓的政治正确，而是为了从众多的现象中，看到事情的本质和真相；不该随波逐流满足于做平庸之人；而是要努力学会思考，独树一帜，坚持自己评判是非的底线。

（《时政大视野》第 90 期）

简中叙事评析（上）：前世今生

甄木丝

“简中”是一个网络新词，从几年前进入中文社网世界至今，使用率逐渐升高。与“华人”“华裔”“陆裔”“汉语”“中文世界”不同，简中叙事不是一个血统血缘、族群社区、国别身份范畴，而是一个叙事学、语言学、社会心理学范式，包括表述，思维，心智发育，价值体系，类似Americanism，Americana(美国风，美国派)，与口语“老中”和文艺圈的“中国心”情结有关。简中话语行为方式尤见于离乡去国的海外陆人，让非简中人士感受异域情调、经历外族文化。笔者在此导入英译 Simplified Mandarin Sinoism (SMS)，字义“简化中文主义”，英文-ism 具有主义、风格双重涵义。

“叙事”(narrative)概念相对稍冷僻，尚未大面积进入主流汉语圈语汇。叙事就是讲故事，包括故事，讲法，讲述，典型如小说写作、电影制作。例如 2022 电影《瞬息全宇宙》，就代表加州华裔新移民后现代叙事。每人、每家、每个族群都有自己的独特故事，每个时刻都有特定讲述者，每个讲述者都有个性化价值取舍、风格取向、情绪色调、时代印鉴。叙事研究早已成学，叙事学(narratology)跨越语言学、文学研究、认知科学、社会学、人类学。

简中叙事具有鲜明词汇语汇、话式话风、逻辑思辨特点，其语文载体是诞生于 1950 年代的简体中文普通话汉语体系和更早的白话文国语文体。“简中主义”则指从简体中文社会衍生出并传承至今、漫步全球的文化意识和时代精神，大略为其所代表的更早从白话文运动中分流出来的进步-激进主流。语言不仅是表达、交流、互动媒介，更是思维、判断、改变工具，尤其是作为一种强大、影响广泛深远的民间和官式叙事。简中叙事垄断认知言行，笼罩政治、经济、文化活动，是族群生活方式背后看不见的手，也是简中集体人格或显性或内隐的文化基因。

目前未见有对简中叙事和简中主义的系统化结构化评析。网络语境中的“简中”常含贬义，用于讥讽、批评，也被质疑有失偏颇刻板。有意义的探究，应当包括文理、心理分析，从解构文化纹理与发展脉络，看见其语式、句式、词汇是怎样从新颖问世、传播普及，到司空见惯、习以为常，直到自然而然、自动反应。

本文是对简中叙事的初次探讨，从叙事现象、发生语境、发展流向诸方面还原其前世今生，佐以必要的史料回顾，解析简中认知教育及其动力结构，并对简中文化可能的未来略作展望，为进一步更深入讨论开题铺垫。话题重大，争议难免，问题有趣：为什么简中教育不培养杰出人才？为什么简中人不创造思想？为什么富了有学历了依然一盘散沙群龙无首？简中内卷，根在何处？简中世界，何去何从？

简中现象：巴-以、川普、左右

简中叙事在日常生活的广播、影视、文娱、报章、社交、居家旅行表达交流的话语文字中随处可见，以微信等网络平台的群聊、公众号内容、留言、评论最集中，在旅美一代移民高学历群体中最典型，在其本色出演的时政、尤其美政互动中最突出。认识简中叙事现象，从涉美时政圈切入，方便，安全。据认为，简中时政圈在思考的汉语人口中仅占百分比个位数，一般受过本科以上教育，多为中产。个体表达高调，铺陈，强势，多激情，表述直接，直线，原初，省略纵深；群体互动营垒分明，结构散、线条粗，边界感弱；判断是非对错，意识形态框架，党争标准，套路，套话。

我们来看时政简中叙述的三个实例：阿拉伯-以色列冲突，川普，意识形态左右。

2023 年 10 月，哈马斯派巴勒斯坦方突然攻击以色列，以色列紧急动员回击，仇杀再起。简中人反应激烈，立即分为四方：挺巴方悲悯弱小，指责西方和犹太复国；站以方力挺还击，对比制度文化优劣；道义方两边都打，暴恐不对，压迫邪恶，都不无辜；两难方看不到解，冤有头，债无主，因果链无限长，死循环，无解。

局面严峻，急迫，第一反应含三种元素的排列组合：历史叙事，情感叙事，道义叙事。三派很活跃，从者甚众。历史派每次都从头说起，繁重，冗长，经典。情感派和道义派悲悯反射，或以道德立场裁判是非，或以因果报应揣测善恶，或以情绪感受作为事理分析。各方都完全确定、断然，却都坚称公正、客观、全面，指责他方党同伐异、以偏概全、不懂装懂，都远离如何解决现场的实际问题。

阿以冲突因果复杂，判断充满两难尴尬。历史问题历史讨论，现实问题却现实解析，政治学是专业学科，既有硬科学，规则，原则，原理，法理，过程，机制，也有软艺术，经验，判断，策略，技巧，情绪，魅力。这些在简中词汇、语汇、概念、思维里不成系统，既无基础方法，也无思辨工具。政治是关于什么可能、可行、退而求其次的艺术，简中主义文化拒斥妥协、中庸、相对、语境、条件、边界，让判断、破解两难没有可能。由于对多维局面、不确定性的习惯性陌生，重复搬运、近似约化、自我服务、阴谋论长占据话语主流，排挤严肃冷静的法理、伦理分析研讨和可行、紧急、重要性权衡。

川普当选执政，美国政治严重混乱，是新问题，新现象。围绕川普现象的简中叙事是极端、绝对、慕强、从众的很好例证。最高权力政治陷入“川普之乱”，简右人集体沦陷，同情支持川党，甚至自愿加入暴乱。爱憎分明的情感锚定造成特有的“川粉”现象，全方位个人崇拜，一厢情愿心理投射，无限美化川普，无限妖魔化川敌，思维散乱，信息漫灌，造谣、信谣、传谣。其语文严重回归王道、威权、人性本恶，对川普无视规则、伦理、法理，践踏宪法、法律的行径以种种理由和借口辩护、辩解、开释。道义裁判常态性双重标准，对川普无限宽容，对川敌无限苛责，拉帮结派，围殴霸凌。极端简左人则泛化问题，意识形态划线，陷于党争简单粗暴，从反对、抵抗川普开始，批判美国文化，进而否定美国制度。

左右极化是简中时政叙事的鲜明特点，双方立场观点对立，认知叙事却同源，都相机勾兑精英主义、民粹主义。简右不喜欢引入、接受新元素，拒绝认知冲突，以居高自治、心情安定来补偿个人难以融入的失落和边缘化。简左习惯性心理投射、精神代偿，不顾现实可行，慷他人之慨，不懂、不在乎经济价值创造，夺富济贫，概念化，符号化，工具化。

旅美简中左右与美国左右的最大区别不在于主张和信念，而在于褒贬爱憎。美国左右意识形态很大程度上是约定俗成的思想意识认知流派，与选举政治、政党、政纲、政策有关但未必全等，主流温和、妥协、折衷，摸石头过河。历史上，共和、民主两大党的进步、保守作用曾有交替，两党都有杰出领袖、卓越爱国者，也都有过逆时代潮流而动的顽固分子，更都有过务实、中庸的美国主义总统和国会领袖。简中左右的最鲜明特点是极端绝对主义，简左主张学欧弃美，实行民主社会主义，极端简右主张恢复基督教荣光，实行强人法西斯主义。或倚强凌弱，或以弱凌强，没有和衷共济的中间地带。

简体中文里的左右定义一直存在混乱，普遍

被归因于国内外语境不对称，定义不同。西语“左右”源自法国大革命，国民议会席位两翼。随美国现当代左右演化，词义也延伸、衍生，最容易引起混乱的是“自由”。以社会平等为优先的左派自称自由派 liberals，警惕过多国家干预的保守派支持自由市场优先，还有自由意志主义，新自由主义。概念之外，还有政党和党派。右派保守，主张稳妥、保留、秩序、渐进、缓变，极端者为反动派。左派进步，主张解放、改革、扶弱、快进、激变，极端者为革命派。反动派、革命派都反建制、反体制，让简中人感到熟悉、亲切，简中叙事中没有主导大势的温和派、中间派，只有可耻可鄙的骑墙派、投降派。

近现代中文左右涵义几经沿革，复杂混乱，正规教育必修的“左、右倾机会主义”对几代人影响最大。民国时，左、右大致指亲苏、反苏，左为革命，右为反革命。后民国左、右，则围绕阶级斗争、继续革命与接轨世界、和平演进两种主张，两条道路，两条路线，两个司令部，褒贬爱憎，敌我分明。离开那个语境后，革命反革命当然无从说起，但绝不妥协、势不两立的情感、文理、话语模式找到新着床点。简左、简右认同、等同于美国极左革命派、极右反动派，都排斥并厌恶温和、妥协、实际的美国主义。

简中叙事表观背后，有着怎样的语义语式结构呢？

简中优先：情怀、直觉、向群

简中叙事言行显著表现为一系列特定优先次序，或主动、刻意，或自动、内隐。初次分析，例举十六例，共四组，情绪、秩序、学理、人格四个维度。

I. 情绪维度

简中叙事，情怀为先，心情触发，快速反应，是社会情绪高积累和情感调节低经营的净结果。

-情感先于情理：情绪汹涌，感受挤占精神空间，耗空心理能量，不再有资源处理实质信号。

-归属先于认知：沧海行舟，对孤单的恐惧排挤理性认知与逻辑判断，急于搭伙熟人集体上岸。

-输赢先于正邪：因为精神穷困、安全感短缺，所以慕强、从众、附庸，不在乎同流合污，视文明教养规范为繁琐、迂腐、无能。

-意见先于理据：搬运、表达、争执，不假设，不矫正，不质疑，排斥异见，对假古董真偏见没有抵抗力，罗列堆砌，引经据典，微言大义，却经常离题万里。

II. 秩序维度

简中世界有独自的行事规矩，伦理秩序新旧参半，源自几代人价值体系破旧立新的历史缺口。

-主张先于观察：表达不是交流手段，表现才是目的，盲目发言成了行为艺术，证明自我存在，彰显地位、控制、权威、气场。

-得失先于事理：当面子、好处与逻辑、原则、规则冲突时，无视事理，患得患失，机会主义，若有权则任意、任性，自立规矩，不认错，不退让，不妥协折中。

-褒贬先于权衡：话语目的为宣示归属和扩充权力、影响力，非褒即贬，拿中庸、持平当怯懦、投机。

-道义先于学理：抢占道德正义高地，擅自主持公道，相机道德绑架，遇复杂两难，或强划敌我，或平摊罪责。

III. 学理维度

卡尼曼警告的快思维反应主导简中认知，长期统治学习、批判、治学、治史，养就思维惯式。琐碎，片面，急躁，浮躁，功利，势利，冲动，被动，断然，执念，惯性思维短路，逢大事常糊涂，与从小缺乏独立思考、判断不确定局面和全程分析、解决问题机会有关。

-权威先于思考：遇到新问题不独立思考、设想求证，而是信赖权威、理论、教条，盲从或真实或幻觉的古今老大，遇到复杂难题或两难，或屈从。

-因果先于过程：急于即刻敲定因果，懒得发现过程、分析相关，为了弯道超车结论速成一鸣惊人，不惜断章取义，张冠李戴，关公秦琼，甚至颠倒因果。

-现成先于探讨：先入为主，急于代入、展示熟知现成安全高端热门的套路套话，逃避不确定性，压制认知冲突，锚定后很难跳脱。

-感知先于机制：只依赖具体、确定、表观、静态，对抽象、演理、证伪、动态不耐烦，视域限于目力所及，只树木不森林，以投入代替智慧。

IV. 人格维度

当代简中人格具有鲜明的前现代、后现代集体无意识混合特质，与既滞后、又超前的夹生现代化教养发育环境有关。

-反应先于觉知：因心理发展与社会成熟化受阻，可自行取舍的选项有限，判断力、思辨力、证伪力欠缺，本能生理反应主导行为与认知，原始冲动渐成无条件反射。

-恐惧先于贪婪：教养严苛，不准好奇、设想、求证、尝试，成年后对未来、未知、不同、变化、可能、可行敬而远之，或随遇而安，规避风险，固守舒适区，或零和竞争，既要又要，深陷两难。

-规矩先于规则：由于伦理、法理、人文、人本缺失，造成对规则无知或无视，对规定或拒斥或盲从，对规矩看人势不看事理，把人当做工具，包括自我、本我，超我萎缩畸变。

-人设先于人格：屈从、迎合社会赞许，掩盖、失落独立判断与真实情感，作戏、作伪习惯成自然，表现、表演重于表达，效果重于结果，取悦重于品格。

简中情怀、秩序、学理、人格折射几代简中人所受训练、教育、养育、社会影响，混杂了新旧时代的文化思想意识元素。简中式情绪训练，以服从大局、吃苦耐劳、团结友爱为目的，不包括认知、应对、管理自我与他人情绪和解决争端、冲突的方法，造成多种无名情绪的积压。学校教育强调标准正确答案的唯一性、绝对性，不鼓励主动找寻、比对、验证可能的选项和探讨适用范围与边界。前现代秩序残破，后现代意识凶猛，现代理念似有似无，卡在其间的家校抚养培育过程中，养育者的朴素、原初道义强势，挤占合情合理明规定与潜规则的生长空间，温和、共识、妥协、缓冲、缓解、退让成为贬义词，经常被等同于投降、放弃、放纵、堕落。

在此种宏观、微观环境下的人格发育，以理念、信念为主体的超我难以生长，导致成年后自我近乎全等于本我，本能、直觉主导言行、互动。成熟独立人格的弱化、缺位，让个体只能习惯于从众，人云亦云，人信亦信，以依附权威或他人或集团获得安全感，认同感，借以消除恐惧。由于认知开放性低，好奇心、实验性都习得性低分，造成对新事物、新概念、新思路、新建构接受慢、门槛高，容易用内卷独自完成逻辑自洽，缓解认知冲突。在成长发育期多重外力的围攻、夹击下，个人心理发育迟滞、停顿，精神空间变得偏狭、有限。为自我补偿、自我满足，个体不得不过度放大当时感受，若深陷某种情绪，会表现为顽强、固守、偏执、好面子，若脱离某种情绪或在不同情绪之间跳跃，又会表现为情绪波动，反复无常，左右摇摆，既要又要，始终以强情绪、弱情绪主导话语，难以有平衡、平和情绪状态。

深度认知简中叙事，还原其发生、发展，需要从其所表现的国族、社群、个体三个层面复建、解析。国族叙事，由语文，文学，教育构建而成，恰似胚胎、发育、成熟三个发育阶段，对应简中叙事的前传、正传、后传，前传是明末清初兴起的新语文，正传是民国-后民国阶级革命新文学，后传是改开后现代-后现代混杂话式。

-简中前传：白话文，新文学，新文化

作为当代主流国族文化的简中叙事，其发生与发展不过百来年历史，历经白话文、新文学、简体字、改开。扼要回顾这段历史，利于正本清源，确定叙事发端与文化演进，识别、理解今日简中主义的成分与成因，也利于今人对自我的文化人格统一性更精确定位。

白话文就是口语化文体的语文。通常人们印象中的白话文运动，常以后辛亥 1910-20 年代的新文化、《新青年》、北大、五四、德赛、陈独秀、胡适、鲁迅为标识。然而，1910 年代之前，白话文运动已在显明成长，而非仅停留于潜流涌动。

以《儒林外史》《红楼梦》等传世作品为代表明清白话文学成就，证明文字口语化不仅可行，而且具有强大生命力和社会影响力。更早，唐代“变文”，宋元话本，金元戏曲，直到明清章回小说，白话文在民间一直存在，及至清代，连雍正皇帝批奏折也“知道了”起来。因为来自福建、广东等地的官员乡音难懂，雍正要求实施“官话”教育，及至清末取消科举制度，兴办学校，“国语运动”遂成显学。

晚清民初，白话文成为上流正式主张，意在改良社会，开启民智，接轨世界，推进国族近代化。1890 年代，改良领军者梁启超主张“文界革命”，创用并提倡新散文“报章体”，撰写大量时政评论。梁氏“报章体”也称“时务体”“新民体”，语式比传统古文通俗，条理明晰，“平易畅达”，词汇丰富，句法灵活，不避俗言俚语外来语，导入外国语法、标点符号，不分骈散、有韵无韵，表现手法多样。梁氏自由畅快抒写个见，“纵笔所至不检束”，笔路新警，笔锋情感丰沛，煽动，感染。以今人通行语文鉴赏，新民体仍有半文半白痕迹，却以其思想新颖、形式通俗、情绪感染影响一代人，冲击帝国文化体制的最后自保，开启白话文体和新文化意识的先河，成为其后民国精英通用文体。

改良没能挽救帝国，革命终究来了。辛亥后，文界的推陈出新得以加速，新文学发端。1912 年夏，北京，民国临时政府教育总长蔡元培号召初等小学开始应当教国语，不再教国文，即文言文。1915 年秋，上海，旅日归侨安徽报人陈独秀创刊《青年杂志》，次年二卷更名《新青年》，德赛二先生登陆华夏。1917 年 1 月号新青年刊载 24 岁上海出生的安徽留美学生胡适投稿《文学改良刍议》，主张语文全面革新，文体、文法、文理、文风彻底现代化。

次月，陈独秀自刊发文“文学革命”三论：打倒贵族文学、古典文学、山林文学，建设国民文学、写实文学、社会文学，要平易通俗、抒情、新鲜、立诚，不要雕琢、阿谀、陈腐迂腐、铺张、艰涩。同年，留日早稻田归国的北师大老师钱玄同在《论应用之文亟宜改良》中提出实施细节：用普通常用字、最普通常用字义；行文简明确当，删去无谓浮文"；加标点符号；用阿拉伯字，“用算式书写”；左行横排；公元纪年；用印刷体；等等。

1918 年 5 月，《新青年》全改白话文，发表首部白话文日记体小说《狂人日记》，作者鲁迅，浙江旅日归国的教育部职员周树人，37 岁。同期，26 岁的旅日归国四川人郭沫若创作发表了若干白话文小说与诗歌。同年，刘半农、胡适等向国语统一筹备会一次大会提交《国语统一进行方法》议案，提出小学《国文读本》改为《国语读本》，“国民学校全用国语”。1919 年 8 月，民国教育部批转山西试用《白话通俗国文教科书》。1919 年 10 月，山西运城，全国教育联合会决定推行国语。1920 年 1 月，民国教育部公布修正《国民学校令》，规定 1-4 年级学习语体文，即白话文，同月通告，文言文教科书分期作废。次月，教育部通知，学校使用新式标点符号。

国文，国语，一字之差，白话文全胜，模拟、特权升舱到数码、自媒体。中国进入新语文时代，新文学-新文化运动方兴未艾。顶层设计，砸烂孔家店，美育代替宗教。启蒙，宗教改革，文艺复兴。诗歌，音乐，美术。毕其功于一役。和平演化，让位给暴力杀戮。伴随武装暴力崛起的，是语言暴力。然而，新文化运动未出蜜月，分流发生，革命文学来了。

简中文脉：鲁迅、鲁迅、鲁迅

简中文学始自鲁迅。鲁迅既是白话新文学先驱，也是二十世纪中国革命文学第一人。鲁迅对民初新文学运动贡献卓著，是最早以白话文创作的写手之一，并以数量和品质迅即“暴得大名”。早期作品主要批判、控诉旧文化、旧礼教，后期写杂文，议论时事。如果说胡适是白话文领军前卫，那么尊鲁迅为新文学开路先锋名副其实。之后，胡、鲁二人果然成为整个二十世纪华文思想领袖，两人生前到今日的不同历史际遇恰好伴随简中叙事崛起。

看简中界，总体而言，胡适臭，鲁迅香。鲁迅学、鲁迅作品、鲁迅研究从来是官方和民间双料正宗科班，养活了无数国人和洋人。相形之下，胡适研究一直似有似无。近年来开始有些比对胡鲁的议论，却多流散于为人、脾气、际遇之类小打小闹。尽管很多人承认胡、鲁学问作品贡献各有千秋，但若要追选，依然是鲁帝胡寇，鲁迅大抵成了后新文化百年版的孔子。鲁迅公园虽非文庙，但非议鲁迅绝对不得人心。子曰，鲁曰。

从白话到简中，既然要重访百年国族文化演化史，那么严肃专业重评鲁迅必定绕不过。鲁胡比较分析提供了便利，可从非争议点切入，渐次深入。

先看贡献。胡适不失时机推动白话文，鲁迅捷足先登创作新小说，都是对后辛亥新文化的历史性贡献，其价值怎样评价都不过分。学术方面，鲁迅主要以《中国小说史略》而受称道，胡适专业研究从博士论文《先秦名学史》开始，编著《中国哲学史大纲-上卷》，历史白话小说研究论集《中国章回小说考证》，《白话文学史-上卷》。夏志清说：胡适重新评估整个中国文学的遗产“是国学研究上的重要的里程碑”，他“宣扬人道的写实主义”，信奉“小心求证”，是“现实的乐观主义者。”胡适后期倾心古籍研究，整理国故，同时也介入时政，教育，外交，成为驻美大使、校长、“战犯”、院长，流亡，生前死后被当做“毒害青年”的“走狗”“公敌”。

鲁迅和胡适都是留学归国，与新文化运动主力一样。二人的留学经历，似为东洋、西洋留学的典型代表。鲁迅早期学矿业、德语，后来改学医，再后弃医从文，从未毕业。普通人知道的鲁迅老师是仙台医科专门学校的解剖学教授藤野先生，解剖中国人丑陋悲催却最后成了鲁迅毕生志业。归国后教书，做官，写作，成名，挣钱谋生，与北京、南京当局都有职业-财务交汇。鲁迅的传世警句有“费厄泼赖应该缓行”，“于无声处听惊雷”。胡适学英语，到康奈尔学农学，之后到哥伦比亚学哲学，导师是美利坚国宝学域泰斗文化昆仑约翰·杜威，同师门博士有陶行知，冯友兰，蒋梦麟等民国名士。归国后，胡适个人事业顺风顺水，名利超众，地位显赫，获名誉博士三十多个。胡适的传世语录是“多研究问题，少谈些‘主义’”，“容忍比自由更重要”。鲁迅反胡骂胡，胡适直到最后依然称“鲁迅是我们的人”。对之后的简中发展，胡适只被当做敌对参照，完全不重要，重要的是鲁迅。

或者有三个鲁迅，对简中叙事发展都极端重要，恰好按时序递进。作家鲁迅，文学史地位无与伦比。社会批评家鲁迅，反帝反封建，也反“富人”“阔人”“有产”“建制”“当权派”，兼反美欧留学人。离世后的鲁迅，成为“中国文化革命的主将”，“伟大的文学家”，“伟大的思想家和伟大的革命家”，代表“中华民族新文化的方向”。“政治远见”“斗争”“牺牲”精神，让鲁迅成为“在文化战线上，代表全民族的大多数，向着敌人冲锋陷阵的最正确、最勇敢、最坚决、最忠实、最热忱的空前的民族英雄”，不知鲁迅在天之灵是否赞同、接受。鲁迅过世，覆棺绸幛大字“民族魂”，固然是哀悼者的情感抒发，也恰巧成为随后简中文化革命的旗帜与集体人格宣言。对简中革命者来说，鲁迅精神情怀是寄托，鲁迅著作与文风是故乡。也有人认为，身后之事，多已与正主无关。

民国史终结于简中革命，包括简中文化革命运动。简中源自白话文新文学运动中无产革命的那一支，以至于有人评估民国历史，称“白话文打败了半文半白”，“山沟战胜了留洋派”，不无道理，实则鲁迅杂文的“革命体”完胜梁启超报章的“新民体”。诚然，鲁迅文风对于简中运动，相当于梁启超之对于新文学运动。梁氏影响学界、知识界，鲁迅塑定全民教育与文化艺术，鲁迅文学成为国族文化新范式，至今仍为海内外语文主导。从“文界革命”，到“新文化运动”，直到“文化革命”，简中崛起，其标志性历史事件正是与后民国汉字简化同期的激烈变革运动，不妨称之为“简中革命”，其实质是语言的主要作用、语文教学的根本目的是批判、论战，而非表达、交流。

《*简中叙事评析(下)：前世今生》（Simplified Mandarin Sinoism (SMS): A Brief History）

（下篇内容：《*简中叙事评析(下)： 告别简中》 Simplified Mandarin Sinoism (SMS): Uncertain Futures，简中革命，简中教育，简中价值，简中认知，简中未来。作者感谢 David Rong 邀请、支持。）

【出版导读】

让人类充满慈悲大爱、救赎和光明

——《重生之门》导读

光 目

在俄乌战争如火如荼、全球近百个国家联盟反对俄罗斯发动的反人类侵略战争之际，中国的统治者却一面摇旗呐喊支持俄罗斯，一面极力叫嚣“绝不放弃武力统一中国”，以牺牲中华民族福祉的代价，试图发动一场杀戮自己同胞的台海战争。

两个由绝对帝制统治的东方大国，把世界推入至暗时刻。

在世界沦入至暗时刻，中华民族面临生死存亡之际，一部描写命运多舛的中华民众、描写悲惨世界中各阶层大众的长篇小说——《重生之门》诞生了。

这部被大家称为政治小说的《重生之门》，是以小说的载体和形式，前所未有的将俄乌战争、中国拟发动的台海战争，以及中国国内的所有历史、政治、宗教、经济、文化和民众的最真实一面，用故事展露出来。

改革开放四十年后，今天大陆民众陷入了前所未有的生存绝境。经济和民生全面垮塌，中华文明被中共统治者强制毁灭从而导致消亡；政治高压下的红色恐怖，笼罩着这个人民已经完全失去政治自由、民主、文明和真理的国度，一些为国、为民发出呐喊的有识之士却被关入牢狱之中……小说《重生之门》透过对当下中国上层、中层和底层政治、经济、社会心理、文化的大量描写，分析了这个党的本质，以及党的恶政对当前各种社会问题带来的深远影响。小说《重生之门》，同时也为中华民族的未来做出乐观的展望。

一、《重生之门》主要内容：

1. 小说以中俄两国的两个东方大帝：习近平和普京为原型，以当下国际冲突为大背景，通给数十位人物的互动，展现了中国社会的全方位画卷。小说描写了这两个以帝王自居的人物的最真实面目，作者用虚实故事相结合的方式，对这两个特殊人物的性格、心理进行描写，写出他们必然退下政治舞台的最终结局。这种描写，以期利于结束当前的俄乌战争和制止台海战争的爆发，希望能为实现世界和平、能够为结束中国的帝制统治，为中国实现自由、民主和文明的新社会起到推进作用。

2. 将三年疫情和封锁中所有的真相，做出深刻的揭露；彻底揭露这个党和政府在三年中，关于疫情和封锁的政策，其实是冒天下之大不韪的谎言、是颠覆医学常识、是放弃对大众的生命救援、是将大众的生命如蝼蚁般的践踏！彻底暴露出这个党和政府对待人民大众的本性和实质，并不是他们所谓的“为人民服务”，而是为其帝王统治阶级服务的本质。

3. 对共产党、毛皇帝及文革十年的本质和本性进行分析揭露；用前人未曾有过的视角，对这个党百年来的本性、本质进行全面揭露和分析，以达到唤醒当前大众对这个党和政府的正确认知。目前的中国大陆，统治阶级内部的矛盾、统治者与被统治者的矛盾、被统治者之间的矛盾，全都到了一触即发的地步。冲突愈演愈烈，最后的结果必将是全体人民承受天下大乱的后果。作者提出用非暴力的方式，彻底结束苦难中华的几千年帝制统治历史的构想。

4. 对当前中国各种的社会问题，这部小说用故事形式进行彻底展露；小说中用了大量真实事件中的原型人物，如被捕入狱的政治犯：许志永、张展等，将铁链女等各种社会事件也进行非虚构描写。反映整个社会现实已经到了坏空的绝境，唤起民众要彻底打碎这个罪恶帝制社会，创立文明民主新社会的愿望。

5. 对中华民族没有信仰的民族性做了深刻的分析。通过分析整个民族的“弱肉强食”“胜王败寇”的民族性，以期找到中华民族民族性改造的方法，为彻底推翻帝制、实现民主和文明新社会的道路集聚生力军。

6. 《重生之门》对未来民主的宪政制度做出展望。小说提出：大众当前必须为中国大陆建立民主的宪政制度而行动起来，必须在当前为创立自由、民主的文明社会而进行实际行动，从而我们的民族、国家和大众才能进入真正的重生之门！并在小说中呈现出未来中国是一个自由和民主的新世界，对这个美好的中国未来进行了前瞻性描写；《重生之门》，可能是首部描写未来中国实现自由和民主新社会的小说，以唤醒大众一定要去奋斗，要有实现自由和民主新社会的决心。

二、《重生之门》的重要思想：

作者将现代量子物理学的最新研究成果和佛学结合起来，揭示了宇宙的终极真理和真相。现代量子物理的最新科学研究成果，证实了佛陀在两千年前对整个宇宙世界的解读。小说引用科学已证实的宇宙万物本为一个本体的真相，引用佛法中所有众生没有任何分别的慈悲大爱精神，将宇宙真相做出了揭示。让罪者知道宇宙和生命的真相，知道战争和掠夺导致的真正结果，并不是三维看上去的胜王败寇这么简单，而是灵魂早已进入永恒的炼狱……

量子物理、量子纠缠等科学研究取得了前所未有的成就，这些科学研究成果和佛陀所说的宇宙真相竟然是一致的，说明造物主让人类在这个时代要前所未有的觉醒和明白宇宙和生命的真相。然而这些科学研究成果并没有给当前人类带来应有的认知和觉醒。人类还没有完全认识到这些科学研究成果，将改变和颠覆整个人类的认知，给人类将带来无法想象的影响。

这个世界所有人本来就是一体的，本来就平等没有分别，人们本来就应该对所有人充满慈悲和大爱，唯有慈悲和大爱可以拯救这个世界和人类灵魂。《重生之门》这部小说提出一个核心思想：人类不应该通过二元对立、斗争和战争来解决人类的问题，而是应以真正的宇宙真理即万物一体论，来引领人类社会，找到人类灵魂中本自具足的慈悲大爱的具有神性的人性，这是化解矛盾和斗争的根本和唯一途径。所有的人类社会，都必须是用天道信仰和普世价值来进行塑造，只有这样才能改变成为向善的社会，才能将大众塑造成为充满神性的高尚人类。那么多国家做到了，中国也完全可以做到！我们也必须做到，这是中华民族重生的唯一道路！

《重生之门》是一部罕有的没有二元对立、没有斗争和没有仇恨的小说，只有以慈悲大爱的宇宙真理，将罪恶的独裁者唤醒。只有用这种宇宙终极真理也即佛法的精神，才能够改变当前的战争和人类的罪恶行径。因为用军事、武力和二元对立的斗争，根本无法解决当前的战争以及所有意识形态的问题，改变不了罪者故意造恶的现状。让罪者停止造恶，让他们停止走向地狱的脚步！用救赎所有罪恶灵魂的觉醒精神，从而制止战争，制止罪人将国家和民族带入万劫不复的深渊，以达到实现世界和平、实现消灭中共罪恶的帝制统治。激励大众现在就必须用实际行动来改变这个国家的现行制度，为实现民主自由的社会而奋斗！

因此小说提出宇宙的终极智慧是来自超验世界的宇宙万物一体论，也就是不应有二元对立的观点。从而将佛法中众生一体没有分别的慈悲精神、将基督的大爱精神都延伸到政治领域。为中华民族打开“重生之门”提出非暴力的解决方案，提供理论基础。

中华民族的“重生之门”其实早已经在台湾打开。这本书中写到：蒋经国放弃了家族传承的帝制统治者宝座，将真正的自由和民主还给了民众，建立了长久的民主法治社会。因此他是中国历史真正意义上的第一位主动放弃帝制的民主开拓者，因此小说中把他定义为一位消灭帝制的文明世界燃灯者，他必将载入史册。我们这个民族不是没有实现民主和自由的法治社会，不过仅仅是在台湾岛上实现了。再通过麦克阿瑟将军通过建立宪政民主制度，将战后日本大和民族塑造成为充满爱心的伟大民族的事例，有了这些历史和现实事例的支撑，小说寻找到一条用宇宙终极智慧也即佛教精神，来消灭战争以及消灭帝制的非暴力途径。书中习近平和普京被宇宙终极智慧也即宗教精神改造，完成了他们的自我救赎之路，从而习近平主动退位，这种故事情节的缔造，是建立在这些历史事件的前提之下，因此小说中习近平主动退位就有了一定的可能性。

大众觉醒进行抗争，导致独裁者退位，最终实现自由民主法治新世界。这是一条天道的应有道路，是大众必须觉醒后应走的唯一道路。但是这是一条在大众自由意志觉醒、在不懈奋斗抗争的前提之下，才能最终通达的道路。在当前中国经济全面垮塌、中共已经完全失去民心、完全被大众唾弃的现状下，需要先觉悟的人们，去唤醒人民的自由意志，去点燃大众心中早已燃烧的自由和真理的火种，完全可以实现消灭中共统治下的帝制，完全可以达到用非暴力的方式让习近平主动退位的结局，从而中国完全可以顺利过渡到多党竞选的民主宪政国家。中华民族完全可以像当年的日本大和民族那样，在佛陀平等没有分别的慈悲精神、在基督的大爱精神洗礼之下，进入重生之门，成为崛起的一个文明民族。

中华民族的“重生之门”必将在大陆打开。随着俄罗斯的战败，中共独裁帝国也必将土崩瓦解。世界大势表明，现在是中华民族到了关键的历史转折时点，是到了结束中华2000年帝制的最重要时刻。中国大陆这个东方大国如果继续在罪恶的中共帝制统治之下，未来必将给大陆民众、给台湾同胞，海外侨胞、给国际社会带来更大的灾难，必将把汉、藏、蒙、回等56个民族带入万劫不复的地狱深渊。

《重生之门》作者呼吁：每一个华人都要以慈悲的救赎之心、用唯一的宇宙真理去拯救所有罪恶的灵魂出离地狱苦海，让所有罪者---尤其是握有权柄的罪者，停止造恶、停止斗争、停止掠夺、停止战争、停止杀戮，让他们停止走向地狱的脚步，从而让这个世界成为和平的美好世界。

三、《重生之门》的写作目的：

1. 将民族的真正历史和所有社会问题，用逻辑的方式进行深度解读和剖析；

2. 将独裁统治者中共的一百年真实面目，进行全面和彻底的揭露；

3. 以宇宙真理和科学及佛法相结合的角度，用终极真理的智慧思想来唤醒大众，来改变这个黑暗的社会和彻底消灭战争。

中共所有的政治、教育和宣传全部都是：制造对立、拉起仇恨、发动战争……而早有华人学者提出“元政治”的理论，政治的核心是：彻底消灭对立、消灭仇恨。现代政治的宗旨就应该是：消灭对立、消灭冲突，化解对立、化解冲突。

任何在国内鼓动阶级斗争，在国际鼓吹侵略战争的政党和领导人，都是违背了天道、人道主义，是罪恶和反人类的撒旦恶魔。

当前我们这个民族的大厦已经彻底垮塌坍塌，无论是精神、文化还是经济和民生，全都成为废墟一般的世界。虚幻和妄想以及逃避全都拯救不了自我，更拯救不了民族！我们的民族和大众只有勇敢地消灭罪恶的帝制统治，只有走向自我救赎、自我拯救的理性救赎之路，才能最终进入重生之门，才能让我们的民族和每一个个体的生命真正地崛起，真正地走进文明美好的自由新世界。

所有的学者、知识分子、学生，都应以笔为矛，以真理为盾，用良知和勇气，担当改变这个时代和重塑中华民族的重任，去唤醒悲惨世界中所有苦难深重的大众，让罪恶的统治者看到大众拯救这个民族的愿望和勇气，用实际行动配合真理的天道之剑来改变民族和大众的未来。

这部小说前所未有地表达了每一个有良知的中国人心愿，中国的脊梁从来就没有倒下！中国人一百年前就燃起的自由火种也一直都没有熄灭！那个自由、民主的火种，一直都在充满自由意志的灵魂和躯壳中燃烧！国际社会以及文明世界的那些国家，他们一直在为我们这些失去人权的中国公民在奋斗，在为我们国民争取应有的权益而斗争和发出正义的呐喊。因此我们作为中国国民不能自己却消极退缩，不能只让外部世界在为我们的权利奔走呐喊。

我们所有人、所有的民众全都要觉醒、都要拥有自由意志，我们都必须高高扬起手中的自由和智慧之剑，去勇敢地斩除困住我们肉体和灵魂的罪恶枷锁！我们必须走出那个困住我们几千年的帝制牢笼，必须走出困住我们百年的共产主义牢笼！因为这些牢笼的门其实本就没有存在，有的只是我们这个民族的大众，被困住在统治者和自己制造的双重恐惧里面，那个牢笼的门其实就是我们心中的恐惧！我们天生有言论的自由，有追求幸福的自由，如果得不到这些自由，人们有逃亡的自由，有走线的自由；因为恐惧人们才失去了这些自由，没有自由人们将更加恐惧。我们要有消灭恐惧的勇气！要有坚定地留在这片土地上消灭罪恶的帝制、驱赶独裁者走下权力宝座的勇气！要有给自己的国度和人民得到自由和民主的勇气！我们有权利生活在一个没有恐惧的自由国度。

对罪恶的恐惧困住了我们自己的身心，阻止我们冲出牢笼奔向自由世界！只要我们勇敢地打破自己的恐惧，就必然是打碎了那个空无的笼门。而那个囚禁我们身心的罪恶牢笼，本来就是虚空的不堪一击！拥有自由意志的中国大众必将在这个历史的转折时点，勇敢迅速地冲出笼门，将罪恶的帝制牢笼砸碎践踏，将权力关进真正的笼子，从而对所有的罪恶进行救赎！我们有信心，让自己脚下的国度必将和那些民主法制国家一样，通过多党竞选，立刻成为一个真正自由的宪政民主国家！没有山没有路，只要我们有坚定的信念，即刻就可以破除粉碎罪恶的帝制，即刻实现民主法制的自由新世界！

这个世界上有那么多文明的自由民主国家，作为同样的人类，我们中国没有道理、没有理由做不到！台湾和新加坡作为华人社会，无论政治制度、经济和文化，都是在自由和民主制度下获得成功的优秀社会，成为全球的榜样。这两个优秀的华人民主社会，也给每一个中国人树立了榜样作用，所以中国大陆更有理由、更应该成为一个多党的宪政民主国家！

四、迈入《重生之门》的路径：

这部小说向所有觉醒的中华大众呐喊：中华民族过去和现在经历的苦难绝不能再继续下去，一代一代苦难轮回必须在我们这一代结束！中华民众不能躺平，而是必须勇敢地站起来，是的，我们必须是中华帝制社会最后的一代，我们必须是亲手终结罪恶帝制统治的一代人！我们这一代人一定要彻底消灭几千年来一直统治中国的罪恶帝制！中共的罪恶根茎必须彻底拔除，我们这个民族一定要冲破牢笼，唯有这样才能让中华民族走进重生之门，中华民族才能进入文明的世界之林。中华民族才能与那些宪政民主国家的民众一样，生活在自由民主的文明新世界。

中华民族必须要建立一个与普世文明接轨的宪政民主国家。这个国家必须是在终极天道之光照耀之下的人人平等、人人享有自由的宪政民主国家。这个宪政民主国家，必须建立在三个基石之上：1、一个核心：终极天道公理；2、两个前提：绝对平等，自由意志；3、三大权利：生命权、财产权和幸福权。没有这三个基石，宪政民主必然是建立在流沙之上的假宪政、伪民主。

这本小说前所未有地将中国的所有问题和中国应该拥有的未来，进行了全面的阐述和表达。我们没有理由不去觉醒、没有理由不去夺回原本就属于每一个人的生命、财产和幸福的权利！这些都是上天赋予每一个人的与生俱来的权利，这些权利由不生不灭的如来/上帝赋予，不能任由罪恶的统治者将我们神圣的权利夺去、蹂躏和践踏！上天也赐予每个人手中持有一把正义和智慧的宝剑，用利剑之光照耀真理，照耀人间的每一个灵魂，让所有的灵魂全都醒来，勇敢地手持天道的利剑，去斩除人间的罪恶和战争，让人类的灵魂从此充满慈悲、大爱、救赎和光明。

作为一个拥有宇宙终极天道真理和智慧的人，一定要为大众、为国家、为民族、为真理，更是为了自己的自由意志去奋斗，要让这个世界上所有人都能够获得慈悲大爱、获得终极的自由和智慧！相信我们一定能够做到！

【《重生之门》已在谷歌上架，在全球 66 个国家同步发行电子版，并在美国最大的书店 B&N 和网上平台亚马逊全球发行纸质版。为了更大程度的弘扬天道和正法，将真理和真相对大众进行更加广泛的传播，目前谷歌的电子版免费发行。作者衷心期待这部小说展现的愿力能进入读者的心田，达到化解冲突、消灭战争、世界和平的结果。】

《宪政三论》序言

张千帆

本书探讨宪政的三个组成部分——自由、法治、民主。它们是任何一个正常运行的社会所必备的制度要素，也是社会契约的基本核心。人生来自由，没有国家和法律的约束。但是人多了，形成了社会，自由就不能没有边界，否则必然陷于互害。在这个意义上，必须承认人性之“恶”，因而必须建立国家以克制人性之恶。然而，“国家”（政府）也是由人构成的，因而也只是“必要的恶”。美国立宪者麦迪逊在《联邦党文集》第51篇中精辟指出：因为我们都是会犯错的人，而不是不会犯错的神，所以必须接受政府统治；因为政府也不是一贯正确的神，而是由会犯错的人构成，所以政府的统治权需要受到制约。我们每个人都必须接受法律约束，显然不是为了放弃自由、拥抱奴役，而是为了更好地保护自己和他人的自由。政府只得做它该做的事，不得做它不该做的事，而它该做什么、不该做什么，就是社会契约的基本内容。我们大家来到一起商讨并约定：我们希望生活在一个什么样的国家？个人自由和国家权力的边界各在何方？政府必须遵守的基本原则是什么？由此产生的契约可以归结为三个大的方面：自由（宗教自由、言论自由、平等或反歧视、人身自由、财产权）、法治（分权、司法独立、行政中立）和民主（周期性选举的若干要素）。[1] 一部正当的宪法就是社会契约的摹本和展开，宪政就是契约原则的落地实施。

疫情三年，如同整整一甲子之前的三年饥荒，中国经历的一切完美见证了宪政民主的现实意义。武汉疫情汹涌袭来、濒于失控，武汉市却一直对病毒的传染性和严重性遮遮掩掩。2020年元旦，武汉警方还控制了李文亮医生等8名“谣言”发布者，造成了噤若寒蝉的舆论恐怖气氛。迟至1月12日，武汉还颇有讽刺意味地举行了湖北省人民代表大会，直到会议结束后18日才开始对外有限披露当地疫情，而就在当日，百步亭社区居然还如期举办了规模达4万人的“万家宴”，真是愚不可及！社会在没有知情权的情况下，错过了对病毒流行的最佳防控时期。紧接着病例激增，市政府又进退失据、仓促“封城”、封户、封小区……和一甲子之前“信阳事件”中逃荒要饭的饥饿农民被抓回关在家中如出一辙，性质类似的事件当然远不止武汉一地，而成为各级各地“清零模式”的常态，即便上海这样的国际大都市也不能幸免。假如当时有言论自由，武汉疫情很可能一开始就会被“扼杀在摇篮里”，而不会发展到在全中国、全世界泛滥失控的地步。事实上，时隔近三年，也正是一点极其有限的事实上的言论自由才终结了为祸惨烈的“清零模式”。2022年11月26-27日“白纸运动”之后，国务院在十日之内发布“新十条”；如果没有学生和公民抗议，“清零”管控将毫无悬念地至少持续到次年3月的“两会”之后。即便如此，“白纸运动”的不少参与者也一度遭到“秋后算账”。

尽管近三四十年中国社会获得了极为有限的言论自由，但是选举却没有一丝一毫的进步；武汉疫情如此严重，却没有看到湖北省、武汉市没有一个代表出面哪怕说一句话，本身已是中国民主现状的最好注脚。毫无悬念的是，只要不践行宪政民主，就无法防止各种类似人为悲剧再度发生。如果人民不能通过选票让政府对自己负责，手中残存那点自由一夜之间也可以被统统收回去。为什么每次疫情发生，地方政府第一反应就是瞒报？为什么各地各级人大代表在每一次重大公共事件中都集体失语？他们究竟是怎么产生的、对谁负责？全国各地封城、封路的决定应该由谁作出、需要经过什么程序？……所有这些问题本质上都是宪政制度问题，也只能在宪政民主框架下才能得到有效解决。在病毒肆虐之际痛定思痛、为了今后防患未然，我们还是要探索中国未来的宪政民主框架。

从词意上理解，“宪政民主”是指建立在宪法上的民主体制。民主是起点，但并非终点；或者说民主是大宪政框架中的一个要素，但并非全部。“民主”是指人民的统治，或者说国家机器的日常运营者要以某种方式对人民负责——在操作意义上对多数人负责，因为人的利益和立场有分歧。一般的国家能做到决策对多数人有利，就很了不起了，但多数决也不能成为绝对的原则。民主无疑是一切共和国体的“定海神针”，而可操作的民主必然是周期性选举产生的多数人统治，但是多数人统治也要受到其它宪法要素（如自由、法治与分权制衡）的约束，才不至于异化为“多数人的暴政”。

设计宪法首先要明确立宪的目的和原则，这意味着人民在制宪之前首先要形成社会契约。一部合格的宪法应该是社会契约的摹本，也就是说它应该体现所有理性人均能同意并愿意遵守的社会契约要素，进而使之成文化和具体化。譬如民主，各种特定的民主制度均有利有弊，因而具体采取哪种制度，是有商榷余地的，但民主这个大原则是没有商榷余地的，其中也包括一些界定真民主的原则性要求。民主、法治、自由构成了任何正当国家都必须尊重的“政治自然法”，也是宪政民主的核心。迄今为止，任何一个国家都逃脱不了政治自然法的制裁；没有一个国家可以违背任何一条政治自然法则，而得到良性治理。当然，政治自然法是一个“开放清单”。以下我只是粗略介绍它的核心要素，并不排除其它要素（譬如人身自由和私有财产的核心）也可以纳入其中。

首先，人的基本自由和权利不得受到侵犯。这是任何理性国家得以建构的基础：如洛克所言，我们建立国家，显然不是为了让自己沦为国家的奴隶，而是为了更好地保护我们的权利和自由。政治自然法至少包括了三类权利：言论自由（也包含新闻、集会、结社自由）、信仰自由（包含宗教活动自由与政教分离）、平等权（反歧视）。缔造国家的目的是建构文明秩序，这些要素显然是任何国家的秩序与和平所不可少的。譬如许多“深度分裂”社会正是不能平等对待不同族群或宗教，而陷入长年战争和暴力冲突。

其次，人的自由需要受到法律限制，法律须由代表民意的国家机构——议会——制定。议会必须由周期性选举产生，选举必须符合五项具体要求：普遍（符合适当年龄条件的公民均可作为选民或候选人参与选举）、直接（人民代表由选民直接选举而非其他代表间接选举产生）、自由（选民与候选人之间的交流不受干预、候选人自由活动、选民自愿投票）、秘密（选民秘密而非公开投票）、平等（“一人一票”、选票份量均等）。

最后，普选产生的议会通过立法确定国家方向之后，政府应当依法行政，法院应当依法审判，因而需要保持行政中立和司法独立。行政和司法过程都是为了如实体现立法价值，其自身在本质上是价值中立的，因而不得再受到任何其它权力的干涉。这意味着法院和包括公务员、警察、军队在内的行政都必须去政治化，而且这些机构均需由不同族群和宗教均衡构成，否则很难实现社会团结和互信。深度分裂国家也是因为不能处理好这个问题，而陷入冲突甚至内战，可见政治自然法是不可或缺的；缺了哪一条，国家都不得安宁。

《现代性的反抗：东南亚的抗争运动 1898—2011》自序

吴 强

这是一本十年前就完稿的书，但是在 2015 年和 2017 年先后三次、分别经由三家出版社，都在临近最后环节被撤下，其中一次已经交印却在开机前被紧急叫停。其诞生可谓命运多舛，恰如中国自由主义或者知识分子过去十年的命运。

以这三次出版未遂的经历，可以看出国内出版环境的严苛，学人稍微触及一些非常规领域或者敏感题材，就遭遇重重阻力。我在中国做社运研究和出版，即使不是做中国的社运，只是做别国的社运，出版遇到的审查仍然不少。例如，这本书涉及到了十个国家，出版公司告诉我，为了通过出版审查，需要请相关领域的所谓专家、包括曾经驻任相关国家的前外交官审读、出具意见。如若时局处在开放宽松期间，或可期待，但是一旦风向转变结果可想而知。

如此这般，足够让一些不够坚定的出版社望而却步，也让我个人的社运研究生涯充满波折。这本书的出版时间正好赶上中国国内日益高压的威权转型，言论和出版空间每况愈下，高校里知识分子的空间也越显逼仄。在出版不顺利的情形下，我在清华大学教授的非政府组织课程，算起来还是中国高校最早面向本科生开设的社运课程也被校方评定“不合格”，然后我被扫地出门，被取消了在中国大学讲授和研究社会运动的资格，连带我本人也被列入新闻出版审查机关的黑名单。这是此书在中国国内历经十年出版不能的主要原因，需要向读者们做一个交待。

当然，在历史潮流中，一个研究者的个人命运或许不算什么，最多只是时代的牺牲品。但是，书稿被尘封，静静地待在作者老旧的 MacBook Pro 的硬盘里，我自然只能继续在中国进行社运的田野调查，而这样的研究方式在中国大学的政治学系里并不多见，似乎田野只是社会学系和人类学系的专利，直到我被清华驱逐。系主任张某曾经屡屡“善意”劝告，“可以只做二手数据嘛”，真是令人啼笑皆非！这样一本有关东南亚百年抗争运动史，也是主要基于他人研究的所谓二手数据的专著，就这么卡在学术的窄门里。

这已经关乎知识分子的尊严，也能反映过去十年来中国整个知识界——如果存在一个包括高校、智库、媒体、和制定政策的官僚等等总和的知识空间的话——在越来越收紧的审查尺度下的退缩，直至斯文扫地。因为，这种退缩是在知识分子的智识和认同两个层面发生的，十年来的变化简直可以用触目惊心来形容，称之为中国知识分子的集体堕落恐怕也不为过，而这一切都可以从一本小书的命运折射出来。

一方面，如果说针对学术出版的审查只是整体言论控制的一个具体方面，一本书的命运背后却是十年来中国总体言论空间的急剧紧缩以及这种紧缩带来的致命后果，也就是知识分子们几乎不再致力于思考真正的问题，不愿意跨界探求新知，也因此限制了知识分子对公共议题、对政策制定的影响力。譬如本书重点讨论的东南亚诸国的抗争运动历史及其比较，相信有助于理解这些国家的民族主义和殖民主义的关系，也有助于理解中国革命在其中扮演的关键角色，包括华人移民的结构，这既是国内知识分子的盲区，也是过去十几年被民族主义煽动的普通民众所不了解的，本当对牵制国内民族主义的虚妄浪潮、或者反思殖民主义的遗产有所助益，而不至于放纵中国内部的鹰派力量在南海问题上咄咄逼人，甚至对香港民众的民主诉求采取敌视态度。殊为可惜。

另一个重点，这本书还是有关东南亚民主转型经验，特别是转型失败国家的持久威权问题，这在东南亚尤其典型，对中国的民主转型和持久威权无疑有着相当重要的借鉴意义，至少可以让知识分子们破除快速民主转型的念想，更现实主义地面对一个对公民社会不友好的威权制度可能长期存在的前景。当然，这个前景是基于东南亚的历史经验，因为它们有着与中国相似的现代化转型道路、以及中国革命的介入，不仅具有所谓地方知识的价值，还有着普遍的意义，尤其是中国与东南亚的互相嵌入关系对持久威权的加固，都是长期崇拜美欧、也对民主化转型抱有浪漫幻想的中国知识分子们轻视的。这是本书写作的初衷，为作者在清华大学讲授公民社会理论之外提供一个经验主义的区域参照，并提醒中国的知识分子和自由主义者需要保持清醒，对中国的晚期威权主义的持久性做好充分的思想准备，才可能长期坚守。

当然，现在看起来，本书写作之初曾经抱怨的国际学界对威权主义重视不够的情形已经改变了。过去十数年，国际学界的相关研究已经成果迭出，全球地缘政治威权和民主两大阵营对峙的新冷战也在形成之中。然而可悲的是，中国的知识界仍然没有摆脱“右派幼稚病”，他们或者以简单激进的“口炮”方式表达异议观念，却脱离社运基层，或者幻想着新领导人将要开启民主化进程，而当“十九大”后修宪、终身制取代共和，普遍陷入了震惊和失语，退出了公共空间。其中的大部分转向迎合当局的意识形态，在“讲好中国故事”的官方命题下进行伪装研究的虚假知识生产。

这种幼稚的转向，或许可以归为他们对中国民主转型失败的绝望，但是，另一面，他们正在疏离和背弃自身的知识分子认同。在智识层面上，他们政治判断力的丧失，来自他们的固步自封，甚至反智，一批著名知识分子转向成为反智的知识分子。虽然这种现象并不新鲜，曾经出现在中世纪天主教会的蒙昧或者伊斯兰教的原教旨主义运动，也出现在毛时代的文革当中，还有冷战后的塔利班运动；但是在今天的中国，与出版审查相关的，是过去十年整个思想领域的“纯净化”或者“塔利班化”，中共对高校和知识界在学术交流和发表、在互联网封锁和言论审查等多方面施加了严厉控制，知识分子在愈益封闭的环境中无可避免地走向知识退化。他们越来越多地转向“常识认识论”，抛弃科学认识论，也愈加远离人类的客观知识。

发生在知识分子内部的这种“义和拳”运动，也以他们转而拥抱大洋彼岸的极右翼民粹主义政客川普为标志，在中国知识分子群体内部出现了大批狂热“川粉”。他们以民粹主义政客煽动民众所奉的常识为圭臬，甚至退缩到神棍级别以圣经为唯一标准，变成了中国知识分子内的反进步群体，在反智的同时对一切社会运动，也是本书的主题，表现出莫名的仇恨，将国际进步和社会运动的主体称之为所谓“白左”。而他们当中的大部分都曾经是 1990 年代以来认同或者参与中国改革、拥抱普世价值和人类进步的自由主义者。

这种转变，毋宁说是他们对身为知识分子的集体背叛，或者脱离，在过去几年中国的知识分子群体内部已经悄然发生。譬如在各种私下场合，昔日的知识分子朋友变得羞于承认自己是知识分子。这大概是在巨大压力下的自我保护，特别是过去十年当局所鼓动的对公共知识分子的污名化运动，已经让他们感受到知识分子认同的不可承受之轻，试图放弃知识分子的道德责任。他们因此，轻易地以犬儒主义的姿态选择主动退出公共空间、不再对时政发表意见、也不敢声援被迫害的知识分子。似乎，继公民社会因为被打压而消失之后，中国的知识分子作为一个延续两千多年儒家传统的群体，也正在消失之中。

十年了，是为序。

《强权论——理解人类社会的唯一公敌》前言

王海南

我写书的想法由来已久，原本打算在退休之后再付诸行动，写点自认为尚有价值的东西，留给子孙读一读。可是来到美国以后，想法完全变了。从小苦难曲折的人生阅历，特别是对于岳母的医疗纠纷案，我实在受不了几乎所有医院领导那种高高在上的不理不睬，因此坚决主张合法的抗争到底。但在中共国经历了近五年的告状和维权诉讼程序后，那种再怎么有理有据也赢不了官司的万般无奈，让我不仅亲身领悟到了自己在强大的国家机器面前，弱小到简直微不足道，而且对这种完全看不到正义、蛮不讲理的专业欺负人的专制制度，逐渐感到无比伤心绝望。由此在进入言论自由的环境之后，我感觉自己似乎有了某种使命感。2020 年五四青年节，正值新冠病毒瘟疫肆虐的时候，本想尝试在油管上做自媒体节目，夫人却突然建议我先静下心来写本书，说免得将来会后悔。这激发了我内心潜在的强烈愿望。但是书名（题目）却成了大难题：即到底该从哪里着手呢？写点什么才算有真正的长远意义呢？

正在我彷徨苦闷的时候，因为病毒瘟疫而停课，在家里闲得无聊的女儿跑下楼，到园子里咨询我：“爸爸，我们老师说：‘权力是一柄双刃的剑’，你怎么看？”我突然本能的感觉头皮一紧；权力！权力怎么仅仅只是一件危险的中性工具呢？凭我对中共专制权力的长期观察和理解，已充分领教了其厉害：权力明明是专门用来欺负人（俗称割韭菜）的一整套制度体系（镰刀）嘛，简直堪称万恶之源啊，怎么能仅仅定性为只是中性的“双刃”工具呢？当然，我那时还没能很好的理解民主权力与专制权力有什么本质区别，只是发现领导权威和权贵“关系”似乎无处不在，人们对掌权者往往毕恭毕敬，而有权有势几乎可以通吃。于是，在接下来的几天里，我和女儿不停讨论甚至争论这个十分尖锐的话题，并很快确信：这正是我努力寻找了多年，且想要持续深入探讨的最大且最为有趣的话题！因为这个题目实在太重要了：即权力的本质究竟是什么？基于权力运行的制度安排与社会文明之间是什么关系？如何理解民主授权与专制强权之间的差异？如何理解并反思在中国历史上已经成功运行了数千年的传统专制权力？怎样才能将这种令人恐怖的专制权力关进制度“笼子”里，令其遵守文明且通用的游戏规则？且什么是文明？什么是正义？什么是制度文明？个人（个体）和组织（集体）之间是什么关系？为什么中共坚持个人必须要无条件的服从（所谓“顾大局”）组织？共产主义的本质是什么？共产主义与独裁专制之间有什么内在联系？制度文明又是如何起源的？等等诸如此类的问题。简言之，若“权力中性”假设成立的话，那么还要“权力笼子”（法无授权不可为）干什么？换言之，为什么个人道德事实上并不能对专制权力形成有效约束？不难发现，自人类有史以来，选择依赖以德治国（人治）还是以法治国（法治），即如何才能够驯服专制权力，让是非善恶裁判权彻底摆脱个人及其组织的掌控，从而令权力不得不遵守法律（文明守则），这恐怕始终是人类社会所面临的第一难题。

在经历了无数个日日夜夜，也经过了无数次修改之后，我终于理解在这世界上存在着两种本性完全不同的权力：一种是定期由选票竞争程序授权的民主“弱权”，另一种则是由职业军队保驾护航的专制“强权”，由此将书名最终确定为《强权论》。这里的“强权”有两层含义：一是强制，可以恃强凌弱、无法无天；二是增强，为了能仗恃这种相对强势，便不择手段增强自己手中的权力，即拼命追求大一统中央集权的独裁话语权。这样的强权高居法律之上，既可以任意制定自己所需要的“法律”，又可以随意的变通执法。即掌权者偏好暗箱操作，坚决反对“法无授权不可为”这样的硬约束，排斥司法独立；令法律沦为被强权所操弄的工具。为了确保专制强权的安全，则在生命旅程的时空过程甚至历史长河中，既需要时常比拼实力大小，更需要竭力积攒这种实力。这样就内生形成了无休止的强权斗争需求。所以死命“折腾”甚至因此而导致周期性的改朝换代游戏，乃是强权专制必然的逻辑结果。不折腾就不叫“强权”，而是“弱权”。不折腾的社会实际上已摆脱了强权专制的野蛮权斗，因此已经从剪除异己的丛林社会，进入了包容异己的现代文明社会。至于书名副标题“理解人类社会的唯一公敌”，亦随着我们对强权本质的探讨及理解逐步深入，经历了无数次的更改或修正。通常情况下，威胁人类社会公共安全的犯罪行为主要有两种形态：一种是没有形成组织的个别且偶发的犯罪行为，譬如强奸；另一种是有组织的集体犯罪，即强权犯罪行为，譬如恐怖组织或独裁专制政府的无法无天乃至侵略战争。它们会蓄意剥夺人权，甚至摧毁生命及生命自由。显然，对人类社会而言，只要权力能够遵守法律，由此尊重天赋人权平等，那么前者根本不足为虑：因为零星犯罪行为不可能绝迹，但却只有后者才是真正引发大规模人祸灾难及导致强权战争的唯一祸源。据此，以中共专制强权作为典型案例，并以民主社会开放生活模式为参照，基于“货比货”方法，我们发现专制强权而并非马克思定义的资本，才是真正的万恶之源：即强权本身就等于有组织犯罪。所以只要还存在强权专制，那么整个社会必然鸡犬不宁。专制强权几乎是一切美好事物的唯一天敌，比如人权平等、自由、民主、法治、文明、正义，以及公共安全、经济和文化繁荣直至世界和平等。由此在永无止境的强权过程中，各种不择手段的有组织犯罪必然导致欺骗、暴力、奴役、独裁、酷刑、战争，以及假冒伪劣、枉法裁判甚至人为大饥荒等等，然后当“强权绞肉机”实在驾驭不了，即无法继续高压“维稳”的时候，便内生的走向自取灭亡，即改朝换代轮回。

因为强权犯罪离不开组织及其相应的制度安排，所以若给定社会人性，给定强权斗争天才总是存在的事实，那么唯有制度文明才能根除孕育强权专制的人文环境，由此只能通过务在弱权的制度规则削减、防范强权行为，从而彻底驯服权力并化解有组织的强权犯罪。不难看出，强权与弱民是一种“共生”的社会平衡关系：即一个国家一旦离开了可供随意驱使的大量弱民，统治者便丧失了强权专制的群众基础。“故有道之国，务在弱民”。商鞅据此提出的“弱民五术”，不仅成为法家弱民强国思想的幽灵，而且自此祸国殃民，实在是害人不浅，足足祸害了华夏人民两千多年！至今还依然是中共强权用来对付人民的“葵花宝典”。从本质上看，各种不择手段的务在弱民政策，实际上就是对人民强制实施国家层面的强权犯罪！因为任何个人在绝对强大且有组织的国家机器面前，无非是历史长河中的一滴水，何足挂齿！因而强权专制横行无忌的根子，在于各种形形色色的“弱民”思想及其“弱民”政策。鉴于此，与商鞅“务在弱民”论刚好相反，务在弱权才能够满足平权正义的需求，由此开辟通往个人自由与社会文明的唯一道路。换言之，只有主权在民的强民弱权制度，才不会利用人性弱点，然后为所欲为的实施有组织的强权犯罪。因此制度规则无比重要，攸关每个人的生命财产安全和生命自由。如果给定人性并不完美，那么尊重普遍人性至关重要。故在人性并不完美的前提条件下，对于任何人数众多的社会来说，则人们的道德水平通常有高有低、参差不齐；即其中既有好人也有坏人。正所谓“林子大了，什么鸟儿都有”。我们据此提出普遍性假设：假设在某社会，人们的道德水平服从正态分布。即令人品高尚和人品低劣的社会人，分别各占总人口的一小部分，而绝大多数人不好也不坏。当然这些普通社会人还可以根据道德层次进行细分，例如从高到低依次分为：诚实偏好者、机会主义者（包括低机会主义和高机会主义者）、撒谎偏好者等，总共分为五个道德层次，如下图中所示[1]。同时假设 D0 是该社会人均道德水平的均值。然后，问题在于：制度对道德的影响是什么？

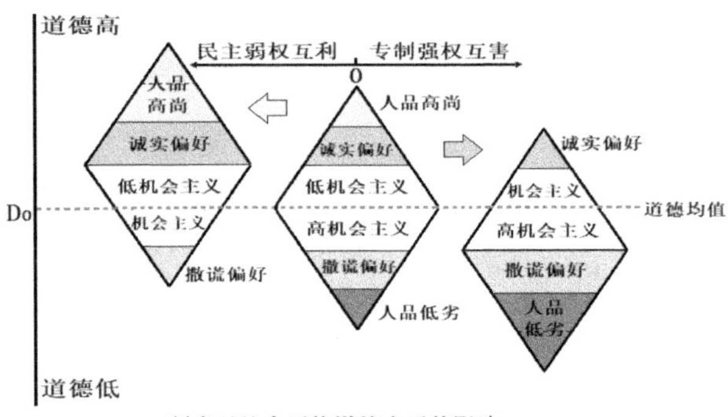

制度对社会平均道德水平的影响

如上图所示：不同的社会制度安排，会通过奖惩机制强烈作用于每个社会人的行为选择，并由此对整个社会平均道德水平产生具有决定性的长期影响。譬如民主弱权制度（向左）和专制强权制度（向右），分别内生的导向文明和反文明的社会：即民主制度塑造互利合作的文明社会；而强权专制打造互害互斗的丛林社会。因为给定人性不完美，那么相应的制度安排，例如强权专制制度，通过信息封闭条件下的以劣驭良及暗箱操作，不仅盛行欺人太甚强权犯罪，而且由此形成道德逆淘汰机制，然后诱致整个社会遵循格雷欣法则，即出现各种“劣币驱逐良币”的奇葩景象：结果是坏制度驱逐好制度；劣质文章驱逐优质文章；假冒伪劣产品驱逐名牌优质商品；甚至弄虚作假走形式取代脚踏实地干实事；坏人驱逐好人等等。社会逆向淘汰令小人得志而好人吃亏，那些敢于为民请命者反而被优先剪除，由此必然导致道德危机。问题是，劣币在什么条件下会驱逐良币？有两种可能：第一，人们不知道是劣币；第二，在暴力胁迫的条件下，人们不敢公开拒绝接受劣币。即谎言加暴力，特别是信息垄断所导致的信息不对称条件，必然会普遍催生“劣币驱逐良币”或小人驱逐君子的逆向选择现象。这就可以解释许多重大历史事实，例如为什么秦始皇要搞“焚书坑儒”，而中共要搞网络“防火墙”。也更能解释为什么秦始皇就算死后，也要密令兵马俑亲兵护卫陪葬。而中共则公然要求党卫军绝对忠诚，即党必须永远指挥枪。

换言之，在信息完全不对称的条件下，人们往往很难知道：坐在主席台上的掌权者，是否就像金庸《笑傲江湖》中岳不群一样的伪君子。况且，因其大权在握，所以就算有部分人知道了真相，也不能拿它们怎么样！相反，主权在民的弱权制度，公权力必须反映滔滔民意并为民所用，否则领导人将很可能在代表民意的国会议员弹劾下，不得不辞职下台。如此当可以让好人得福报而坏人被淘汰，甚至令不少罪犯被关进牢房，再也没有机会作奸犯科。这就可以解释全世界普遍存在的一个现象：民主社会更加的开放包容多元，人民可以畅所欲言，人们基于“己所不欲”的人权需求能得到普遍尊重和满足，其平均道德水平往往远高于强权专制的国家。何况在专制社会，人们往往特别担心会上当受骗，不仅彼此缺乏基本信任，而且更缺乏安全感。因此，如果将人类文明定义为基于通用人际交往规则的偃武修文与和平共处。则强权专制社会由于官府不遗余力的封闭信息，扼杀言论自由，由此竭力否定事实真相，不跟人讲道理，结果整个社会因奉行基于伪装和暴力的丛林法则，则必然经由道德逆淘汰机制，令其逐渐陷入无法自拔的互害社会内卷漩涡，根本没有正义，谈不上什么文明。

因此，诚如谚语所云，“流氓不可怕，就怕流氓有文化”：一般而言，道德约束对缺德的犯罪分子而言，根本不起作用。可是无权无势的普通犯罪分子并不可怕，它们的作奸犯科不仅危害程度相对很小，而且通常很容易对付；那些训练有素的警察便足以搞定它们。但天才级别的专业流氓（例如伟大领袖）却完全不同。它们绝对有权有势，即手中握有强大的职业军队，甚至掌控了整个国家机器。故强权犯罪的后果往往令人毛骨悚然。即“有文化”的大流氓，堪称强权政治斗争的顶尖高手。它们特别擅长控制、玩弄各种组织，甚至痴迷于“改造”他人，因而出于“与人斗其乐无穷”的变态心理偏好，搞不好就会充分利用组织力量以祸乱天下。即由于个体在具有绝对优势的集体面前显得无比渺小，所以假如不想被淘汰的话，那么往往只剩下非蠢即坏的二选一：要么同流合污的主动参与分赃博弈；要么主动被动选择随波逐流，由此在逐渐丧失了独立思考的习惯后，汇入随大流的“羊群效应”。以此观之，因为信息不对称或被洗脑愚民，不知道自己在作恶，可称之为阿伦特意义上的“平庸之恶”。但那些具有杰出组织才华的犯罪专家或强权投机家不同，它们完全清楚自己在干什么：通过诸如弱民强国、阶级斗争等阴谋或阳谋手段，不惜“煽动群众斗群众”，激励人民互相监督、举报；在搅混水过程中将群众组织起来，运动他们参与互斗互害的丛林政治游戏，然后择机影响，甚至在关键时刻改变历史前进方向。结果导致人民群众彼此互相伤害，因此走向饥寒交迫、流离失所，直至不计代价荼毒、戕害无数生灵。据此不难推断，强权投机家完全知道自己在从事见不得人的“伟大事业”，所以必须绝对控制一切言论和信息，即所谓“防民之口甚于防川”。这种明知故犯的包藏祸心，可称之为“强权之恶”。这是导致几乎所有集体人祸的万恶之源。由此可知，道德约束对强权投机家往往不起什么作用：即由它们操刀建立的强权专制制度，会塑造道德逆淘汰的人文环境，然后在适者生存机制作用下，令社会平均道德水平不断走低。简言之，国民整体道德素质取决于制度文明，只有民主正义的法治制度才能有效防范强权犯罪。说白了，就是一套光明正大的好制度（民主制度），不仅可以防止坏人干坏事，而且甚至还可以让部分坏人变好；而一套暗箱操作的坏制度（强权制度），往往激励以劣驭良，甚至逼良为娼，从而让好人也变坏。例如忽略或忘记了“冤有头债有主”古训，被逼上梁山后却不加区别的报复社会。故社会文明归根结底取决于制度文明。而制度变迁取决于思想启蒙的文明之光普照，或由外部势力直接强力植入。据此可推导出两个重要命题，命题一：给定强权专制内含道德逆淘汰功能，那么制度若不改，则该社会平均道德水平只会下降，不可能提高。命题二：特别地，一个社会基于制度变迁的文明进步，与该社会绝大多数人的初始道德状态无关，但与社会普遍利害冲突以及对国内外压力（世界潮流）的理性认知强相关，由此与人民群众的思想启蒙状况，特别是与社会精英（领导力）的普遍觉醒程度高度正相关。

因为人类行为总是由决策动机所驱动，所以要真正的理解专制制度及其强权犯罪，必须深入到社会人行为动机及普遍社会人性或欲望意识（包括潜意识）层面。对社会群体而言，每个人内心的欲望大致可分为三类：可欲、不欲和恶欲。以“己所不欲”为基点划线，然后便可推己及人，遵循“法无禁止即可为”的通用禁令规则，除此之外，皆为可欲。令己所不欲而施予人，便唤作恶欲。恶欲必然违反了双方同意的人际交往准则，侵犯了他人的可欲或人权需求。这也是为什么自由竞争的市场经济，不仅合乎社会人性，而且成为个人自由的根基，但强权计划主宰的公有制度，在动机初心上却堪称邪恶的缘故。恶欲是强权专制之所以长期阴魂不散的人性根源。即在强权专制条件下，统治者一边放纵自己的恶欲，一边却拼命压制、剥夺被统治者的可欲。譬如中国历代帝王利用公帑国库供养三宫六院，从不把自己的妻妾嫔妃当人看，不仅动辄下诏令她们殉葬、守灵、出家，而且要求所有男性内侍必须被阉割成太监；甚至恣意践踏人权平等、漠视生命权，奉行“窃国者王，窃钩者诛”；“只许州官放火，不许百姓点灯”等等。在工业革命浪潮的冲击之下，当劳动分工从家庭内部的男耕女织模式过渡到大规模社会分工模式之后，基于市场的交换劳动通行于民主法治国家，而基于官场的强迫劳动则流行于独裁专制国家。两者均对人类社会产生了更深远广泛的互动影响，但前者属于互利模式，后者属于互害模式。

以民主制度为参照，若经由一系列“去中心化”的务在弱权安排，例如国会立法、行政执法、独立司法裁判、自由媒体监督，特别是军队国家化、各地方高度自治以及定期选举授权等，令如此严格分散决策与分立制衡，即受到全过程约束的公权力，可以被理解为是“一柄双刃的剑”，则几乎不受约束的独裁专制，无疑只能被定性为有组织的强权犯罪。因而后者不仅属于犯罪心理学的考察范畴，而且强权本身亦堪称撒旦化身的邪恶诱惑，是导致各种规模化人祸的唯一源泉。在《圣经》中记载人类始祖亚当夏娃上当受骗后，其后代继承了“平庸之恶”原罪。当然，撒旦蓄意欺骗夏娃的罪恶目的，是为了获得统治人类的专制强权。因此，万恶之源还在于有组织的强权犯罪。即强权撒旦要求统治者必须成为用心良苦的“劳心者”，自此殚精竭虑，直至机关算尽。这种强权之恶往往分为两步：第一步，打造信息完全封闭的社会环境，以扼杀言论自由，禁止随便说话；第二步，放纵专制强权或绝对权力的腐败与邪恶，由此即可实施暗箱操作且恃强凌弱的作奸犯科。因为假如是光明正大的“为人民服务”，那么，独裁者为什么还要不遗余力的限制言论自由，拼命封杀真相及真理呢？更何况这样做不仅需要耗费大量的民脂民膏，以豢养大批文人歌功颂德，而且不准监督和批评公共政策，这究竟是何居心？通常只有龌龊事情才见不得光嘛！“为人民服务”做好事，更需要公开透明的人文环境啊！在完全自由的信息市场，真理往往能够战胜谬误。而对言论自由的任何限制，结果必然导致真相被逆淘汰。所以真正实现偃武修文，需要贯彻言论自由，并绝对禁止首先使用武力。即“让人说话，天塌不下来”！不幸的是，人类却在无比黑暗的历史丛林里，经过了漫漫长夜的艰难摸索和试错过程，在付出无数生命和血的代价之后，到今天我们才能暗自庆幸，自己不仅可以享有言论自由的人文环境，而且还能有机会“站在巨人的肩膀上”，借助过去思想家的伟大发现及其开发的各种研究工具，再回首往事如烟的峥嵘岁月，通过重新审视人类历史的经验教训，以真正理解威胁我们人类社会的唯一公敌——强权专制制度。

显然，强权专制是放纵掌权者欲望的邪恶制度。因此基于生命及其社群的未来需求而言，强权组织、军事组织和宗教组织的目标、教义及制度安排，攸关整个人类社会的生死存亡，不可不察。若给定专制强权本性恶，则捍卫强权话语权的军事组织不过就是助纣为虐的“枪杆子”，而为强权专制进行辩护的思想理论或宗教教义，亦无非是害人害己的“笔杆子”。从各主要宗教与强权的关系来看，总体而言，除了中世纪黑暗的宗教裁判之外，广义的基督教组织通常制衡强权专制。新教甚至直接命名为“反抗”的宗教。《旧约》中的造物主神权高居于世俗强权之上，且“摩西十诫”不仅禁止个人偶像崇拜，而且孕育了基于通用禁令交往规则的文明守则及其契约精神，堪称制度文明的真正摇篮。伊斯兰教则因为“最后”的先知穆罕默德，不仅亲自组建职业军队四处征伐，而且建立了完全政教合一的哈里发帝国。其极端的宗教信仰几乎完美体现了先知穆罕默德的个人意志。其本身因强权专制需要而诞生，通过培养、训练顺民或“弱民”进行“圣战”，由此主要为专制强权服务，所以急需进行脱胎换骨的政教分离改革。不过，佛教却似乎走向了另一个极端。佛教主张“众生平等”，相信尘世间的一切都是因果轮回，认为今生遭遇乃是前世所作所为的果报。即人类受苦受难的根源在于各种欲望，特别是令人难以抗拒的恶欲诱惑。因此，佛教并不鼓励其教徒对抗专制强权，反而主张与世无争的认命或干脆消极遁世，由此尽量做到顺其自然，并努力克制个人的全部欲望以求解脱，甚至通过出家苦修进入一种“万事皆空”的无上境界，借此永远脱离苦海轮回。对专制强权而言，这几乎就是完全“躺平”的人生态度。

本书谨以民主制度作为参照，试图通过抽丝剥茧的分析，务求解剖强权专制制度，即从理解权力的本质入手，在批判马克思“科学理论”的基础上，从文化教育、历史、司法、经济以及内政外交等各个方面，系统性逐步剥去专制强权蓄意包装的画皮或伪装的各层面纱，努力还原其邪恶肮脏的本来真面目。我们发现权力源于引领组织集体行动的领导力。而这种无比巨大的集体力量既可以向善，例如捍卫人权平等、服务生命及生命自由；也可以向恶，例如捍卫人权不平等、扼杀生命及生命自由。在自由竞争的市场制度条件下，以利润最大化为长期目标的企业家才能，通常不仅有利于做大蛋糕，而且往往追求创造性的达成目标。与此相反，在强权专制的官场制度条件下，以追求“管人”收益最大化为目标的强权投机家，则不仅痴迷于瓜分蛋糕的分赃博弈，而且这种无休止剪除异己的强权斗争，由于内含集体毁灭性互害的强权斗争基因，因而在核子、化学、基因及生物武器（如冠状病毒）等高科技蓬勃发展的时代，早晚将驱动人类社会走向自取灭亡。总之，偃武修文体现为“君子动口不动手”，特别体现为程序正义；因为执法程序属于公共服务，故程序正义才能对公权力形成有效约束。文明就是仅依靠动口解决问题。这种摆事实讲道理的文明方式是绝对的、无条件的；而使用武力则是相对的、有条件的，即不首先使用武力或仅限于捍卫生命及生命自由。当然，这两种制度最后的决定性竞争，到底谁负谁胜出？即以中共为首的强权制度能否实现务在弱权的民主制度转型，由此贯彻主权在民原则，尊重个人的人权平等原则，从而让组织能够完全摆脱掌权者个人的独裁意志，体现集体行动的公共意志？显然，自由民主与强权专制是彼此相互否定的、刚好完全对立的价值观及思想体系，由此便相应形成了两种水火不容的社会制度系统及其生活方式。而务在弱权的信息透明和规则公平，才是解决强权犯罪的良方。通常情况下，如果一个社会的信息透明度越高，那么真理相对谬误的竞争力就越强，整个社会环境趋向于良性循环；相反，社会越封闭，虚假信息和暗箱操作越多，则整个社会环境越趋向于逆淘汰恶性循环。各种突破道德底线的始作俑者也会越来越多，其犯罪行为的不择手段及危害程度，甚至超越了人类的想象力。

自从 2020 年 5 月 4 日着手，至今几乎保持足不出户，也没能休息一天。万幸的是，在写作过程中，我几乎每天都可以与夫人一起探讨这些由权力衍生出的一系列问题。从而夫人不仅是我的第一位读者，而且在不少地方还是非常重要的参与者，特别是有关生命的价值、共产制度及与宗教相关的部分内容，她经常能够提出非常独到的见解。我们常常会为一些问题大声争论，甚至像吵架一样争论的脸红耳赤。但这种无拘无束的探讨却无比珍贵。因为我不可能跟任何其他人，包括曾经的同事和朋友，进行如此毫无顾忌的激烈争吵。所以，我第一需要感谢的就是陪伴我风风雨雨的妻子，没有她的全力支持，我自忖不会有任何作为。然后我要感谢我两个可爱的儿女，他们不仅在我身心疲惫时带给我无限温馨的时光，而且女儿还给了我题目以及不少启发。同时我必须特别感谢姨妹与她全家人，我们在一起共同生活了近三年时间，我几乎没做过任何家务。除了写书之外，我过着衣来伸手饭来张口的“老爷”般生活。此外，我还要感谢吴青燕及其家人、特别是夫人的英文老师 Barbara Mcmahan 以及陈晓洁女士等人的热心帮助。在此一并致以最诚挚的感谢！遗憾的是，书总算是写完了，但却啰里啰唆竟然写了 70 余万字，在这个越来越流行刷手机和快餐消费的时代，我感觉自己似乎又遇到了另一个巨大挑战：有谁会耐住性子阅读这些充满辛酸的文字呢？不过我其实已经顾不了那么多了，尽管我认为我们的下一代，特别是大中学生，需要深入理解“强权专制”制度，这个人类社会永远的唯一公敌。

实际上，中国漫长且几乎不曾中断的数千年强权专制历史，让其成为世界上最重要的专制文化摇篮之一。与现代制度文明背道而驰的东方专制制度及其思想体系，对整个人类社会的文明进步，尤其具有历史经验教训方面的参考及反思价值。这种大一统中央集权的独裁专制及其制度变迁的历史过程，给我们留下了令人眼花缭乱的无数资料和证据，例如以《商君书》《罗织经》等为代表的法家经典弱民思想，以骊山陵、乾陵等为代表的丧葬历史文物，特别是许多已出土或等待出土的珍贵文物，堪称独具特色的东方专制文化宝库。因为没有比较就没有甄别，所以华夏大地应该是探索、理解并反思强权专制制度运行规律的圣地。只有真正理解专制制度演化机制及其背后的专制文化，即造成这种独裁专制人文环境的思想体系，我们才能够逐渐解除人权需求满足的天敌威胁，从而做到“知己知彼，百战不殆”，然后也才能战胜威胁人类社会公共安全的强权专制制度，并最终从思想上防微杜渐，据此斩草除根的有效防止万恶的强权专制模式改头换面的卷土重来。

一般而言，实现制度文明分两步：第一步提出天赋人权的普世价值观，并提出满足和捍卫人权需求的平等条件，即有关个人与组织关系的思想体系；第二步是实施有组织的集体行动。关键还在于理解并尊重普遍人性。即依靠个人道德还是组织制度？显然，思想和文化的繁荣，离不开百家争鸣、百花齐放的人文环境。而完全由官府垄断信息的指鹿为马，既没有文化，更谈不上文明。因为在强权统治者完全掌握了话语权的条件下，人们往往很难获得真相。如果长期没有了真，则往往只剩下伪善、伪美和伪言。可是长此以往，假冒伪劣必然逐渐泛滥成灾。遗憾的是，自秦始皇开启焚书坑儒的恶劣先例以来，传统外儒内法的强权专制“文化”，从来都只为独裁统治服务，所以无论如何涂脂抹粉，亦诚如网友所言，其“打江山，坐江山；睡女人，抢财产”的动机依然昭然若揭。但若从历史兴亡周期律角度看，这无疑是提前享用其子孙后代的血酬啊！与此同时，历朝历代钳制言论自由的强权专制，堪称一朝不堪一朝，一代更甚一代。然而面对兴亡轮回的苦海无边，是否还有内卷社会历史潮流的回头是岸？即在权力不受约束的条件下，一旦被官府垄断了文化教育，则似乎更像金庸武侠小说中的自废武功。这种用官方意识形态教条对学生反复进行洗脑灌输的后果，与千年“裹小脚”的自残行为如出一辙，属于扼制大脑发育及其逻辑思维能力发展的脑残行为，搞不好就会由此葬送整个民族的未来。最后，有感于伊隆·马斯克全资收购推特，并执着于捍卫美国言论自由的文化传统，在侄女写英文诗抒情言志的感召下，我对中共国令人窒息的言论环境感到悲愤不已，进而实在忍不住想要痛骂万恶的强权专制，于是便将汉字文化中，独具特色的一些成语典故并联雕砌起来，且尽量仿照传统诗词的曲调格式，填写了一曲《专制强权挽歌》，在当今民主与专制进行正邪决战的历史背景之下，盼望能给腐朽糜烂的强权国家机器提前送终，并希望能让后人永远铭记血写的历史教训。

专制强权挽歌

群雄逐鹿帝王业，弱民强国天下苦；
五马分尸商君怨，作法自毙功名求。
蟾宫折桂皇家彀，皓首穷经百家黜；
三跪九叩奴才膝，外儒内法牌坊竖。
卧榻之侧主公患，万人之上命根无；
千刀万剐忠良骨，兔死狗烹龙体舒。

怀璧其罪妃子笑，以劣驭良鬼神愁；
株连九族后宫哀，焚书坑儒文明枯！
奉天承运独夫志，翻云覆雨乾坤手；
唯我独尊强权梦，威加海内山河怒。
引蛇出洞书生气，请君入瓮秦城辱；
豆萁相煎亲情泪，黄台瓜辞家国丑。
忠君爱国兵马俑，争权夺利龙椅奴；
劳民伤财骊山陵，机关算尽水晶囚。
改朝换代子孙血，成王败寇正义输；
偃武修文匹夫责，指鹿为马几时休！

2023年5月17日修订于美国加州

历史不应当缄默

——《麦苗青 菜花黄——川西大饥荒纪实》第一版代序

胡小伟

钱锺书论列西汉狱吏残暴有甚于秦酷，而深受其害的司马迁所著煌煌巨篇《史记》时，却未能道详的原因，归结为人所习见，以为不必谈论，当时之人自能了解。所以深有感慨地说：

"举世众所周知，可归省略；则同时著述亦必类其默尔而息，及乎星移物换，文献遂难征亦。……然一代之起居饮食，好尚禁忌，朝野习俗，里巷惯举，日用而不知，熟狎而相忘；其列为典章，颁诸法令，或见于好事多暇者偶录，鸿爪之印雪泥，千百中才得十一，余皆如长空落雁之寒潭落影而已。"

又引陆游为一《岁时杂记》跋语"承平无事之日，故都节物及中州风俗，人人得知，若不必记。自丧乱来七十年间，遗老凋落无在者，然后知此书之不可缺。"进而论及：

"过去习常'不必记'之琐屑，辄成后来掌故'不可缺'之珍秘者，盖缘乎此，曩日一法国史家所谈'历史的缄默'，是亦其一端也。"（见《管锥篇》第一册 304 页。北京：中华书局 1986 年第二版。）

我猜钱先生当时所虑，意必有文革在，而不幸被他言中。时光还不到三十年，就有年轻人对曾经伤害钱先生一家，包括《管锥篇》写作的一桩文革"邻里纠纷"胡猜乱说，判断葫芦案了，令人啼笑皆非。这就是"历史的缄默"（les silences de l`histoire）带来的后果。

今年是是曾经名惊中外的"大跃进"（great-leap-forward）运动开展五十周年。回念 1998 年四十周年时，海内外各种报刊和书籍出版物，都相当谨慎地保持着底调，甚至突然非常活跃的知识分子群体，也仿佛患上了"集体失语症"，出乎意料地鸦雀无声。对比热热闹闹的 1996 年文革三十周年，和 1997 年"反右"运动四十周年，这种沉默尤其意味深长。我曾同好几位以"人文关照"，"社会担当"和"直言批评"擅名一时的熟人谈过此事，回答也真令我吃惊：有的说这事儿早已过去，没啥意思了；有的说当时情况，谁能说清？有的说这不是当前的社会关注点，说也无益；连和我共同经历过那个阶段的一个老同学，也淡淡地回答：唉！都过去了，都过去了……

我不由打了一个寒噤，忽然意识到鲁迅所以"不惮以恶意度人"的悲愤之深。联想到围绕"反右""文革""下乡"连连篇累牍的回忆，愤世嫉俗的呐喊，声声血泪的控诉，和出版商报刊的集团炒作，不过都是今世文人之自顾自怜，自卖自炫，何曾有什么"关照""担当"。

当初佛家，或者宋明理学援释入儒，以"关照""担当"等等立论，原是本诸"世法平等"，"众生平等"之要义，并非给现今所谓"知识分子"也者争特权，正名位而标榜出来。近世欧阳竟无，马一浮，熊十力等论学，亦具此义。近些年来以"回忆"名目出版的书籍文章不可胜数，当然也有他们存世的独立价值。但是读得多了，却发现一个现象：面对一己之委屈哓哓不已，可惜只是对自己，或者身边的人物或事儿感兴趣。有所磕碰就是“迫害”，稍受指斥即是“打击”，受过几年委屈，可以终身唠叨，可偏偏对于千百万“无知无识”的百姓，包括相当一些“有知有识”者的“非正常死亡”却噤若寒蝉，对民族国家之莫大灾难默尔而息，不屑一顾。矜矜于侈谈盗名，炫言欺世，其于“关照”“担当”是何理解？何由置喙？所谓“社会批评”“历史批评”也者，亦不过欲自表眼空无物，惊世骇俗，旷世独立而已。当年的牺牲者已长眠不语了，我真怀疑，这些活跃在当今文坛学坛上的幸存者及其精神上的传人们，莫非都是严酷政治环境不下“负淘汰”（re-elimination）之产物乎？

幸而还有较早出版的李锐《大跃进亲历记》（上海远东出版社 1986 年第二版），稍稍弥补了这一缺憾。只是由于身处大内，李锐的叙述偏重于宏观决策，并以此鸣于当世，却很少叙及基层的亲身体验，尤其不宜于用“解剖麻雀”（有趣的是，这正是毛泽东亲自提倡的一重种工作方法）的“典型案例”方式，溯源查流，穷其嬗变，具体真实的地展示“大跃进”之始末，起伏，演进对于中国百姓家庭的深刻影响。应该说，田家英所以能够满腔悲愤地在庐山会议上建言，正是源于本书描述到的他身临其境的切肤体验，以及心系万家的“关照”“担当”，这恰恰是李锐之书的根本欠缺。附带说明，此书本欲向李锐先生求序，并寻求过几个不同管道，终因其种种阻隔和不如意事，未能实现。虽经岁月沧桑，人（正部级干部）事悬隔，依然如此。我想，后世当能证明：此是本书之不幸欤，抑或李锐先生之不幸欤？

其实“大跃进”作为一个过程，是中国一个特殊的时期，并不仅止于 1958 年的“大炼钢铁”和“亩产万斤”。作为这个高潮的续后，则通常以“三年自然灾害”或“三年困难时期”，见于公开的报章杂志书籍回忆。其间差异，看上去仅仅是这两个名词的错综，似乎已经解决了评价问题。其实不然，连“大跃进”止于何年，是否仅限于 1958-1959 年度这样的基础性问难，都是相当模糊不清的，更别说是否属于“自然灾害”了。这是一个以“公共食堂”为核心，政府管制权力到达每一个城乡人口“肠胃”的时代，也算是“统制经济”达于斯极的典范。至于它在中国社会史、制度史等等方面提供了什么样的范式，有何沉重经验教训铭刻下来，则更无人深研。

但这个课题毕竟引起了作者的关切，或许就是从此打破“历史的缄默”的开始。1998 年春节，我刚刚从都江堰（原灌县）一个叫“龙池”度假地的冰天雪地中回到成都，本书的作者把他的书稿和一个软盘给我。以后两个晚上，我都没有睡着觉，一是为本书所吸引，二是它调动起我对于当年还是成都一个普通初中学生时，身歷亲见的全部记忆。说实话，这份记忆一直沉甸甸地压在我的心头，但却无从清理，无由发抒。川西平原向称“天府之国”，“大跃进”的号角就是从这里的“成都会议”吹响的，也给这里造成了非常巨大的影响，我自己也有亲人死于这场饥荒。而本书叙事方式以档案报章为依据，溯源述流，积微见着，蔚为大观。其详其始末，言必有据，于史家冷峻的笔触下揭示出来的种种事态，较之个人点滴回忆，抒情述困之作，尤其震人心魄。

从此以后，这份书稿和软盘曾经随我走过许多海内外城市，颇花了一些时间联络出版，不幸的是都被拒绝了。除了少数格于当前的出版审查体制外，被拒绝的理由就是上述“精英”论点。这是区区万万不能苟同的，从此我开始轻蔑他们的言论和人格。

试问，在我们今天的显示现实生活中，“好大喜功，贪多务得”的决策思路消失了吗？“数字出官，官出数字”的攀升现象消失了吗？“一窝蜂，一个样，一片红”的镶边，以供“首长视察”的“工程”消失了吗？虚报冒领，弄虚作假，损害农民，坑害国家的事件消失了吗？伪称“科学发明”，而报刊群起为之宣扬的情况消失了吗？动辄自称“世界第一”，“先进水平”，实则过时技术，巫医技巧的“新闻”消失了吗？动辄以上级或领导意图或政府意志名义，聚集干警入农户抄家的现象消失了吗……我想，只要还是类似的一元化“英明决策”体制，只要还有“万众欢腾”的宣传，只要还怀急功近利、“短时赶超”的情节，回顾“大跃进”的荒唐就和灾难，就永远必要。它应当而且必须进入全民族的集体记忆之中，以便我们的后世子孙永远铭记这个深刻的教训。

鲁迅为瞿秋白筹印《海上述林》时曾说，拿着亡友的文稿，就像揣着一把火。甚至在他重病之中，仍然焦灼于心。这部书稿的作者虽然健在无恙，但是书稿中的无数亡灵不得归宿的景象，仍然时时浮现在我脑际，几年以来也一直为其不能面世而焦灼于心。但愿能够夤缘碰上有识之出版家将其版行。我坚信，也期待着这一天。

胡小伟（1945 年 8 月—2014 年 1 月 20 日），中国社会科学院研究员，作者至交。此序原署名萧为，此番再版改用本名，以怀羹墙。

2000 年 11 月 25 日初稿，2008 年 1 月 17 日修订

东夫谨记

《麦苗青 菜花黄---川西大饥荒纪实》（东夫 著）

【书评】

力荐荣剑先生的"世纪批判三书"

胡 平

独立学者荣剑先生正在从事一项浩大的理论工程——撰写"世纪批判三书"。三书的第一部是《世纪的歧路——左翼共同体批判》，第二部是《世纪的神话——革命共同体批判》，第三部是《世纪的梦幻——改革共同体批判》。

荣剑在序言里写道："世纪三书是一部'批判的思想史'——以批判的视野重新审视当代形成的一系列有关左翼、革命和改革的思想史叙事，尤其是对那些按照国家主义意识形态所构造的革命史观、帝国史观、国家史观和领袖史观进行毫不妥协的理论斗争。自从雷蒙·阿隆与萨特在战后进行长达 30 年的'思想战争'以来，'左翼的神话'和'革命的神话'尽管遭遇到了来自于自由主义和理性主义最深刻的批判，但这些批判并未一劳永逸地终结'左翼史学'和'革命史学'所占据的解释世界历史变迁的统治地位，阿隆和萨特时代的核心主题。如何看待苏俄革命和苏维埃政权的性质，在现时代已经转化为如何看待中共革命和中共政权的问题。当中国新左派预言 21 世纪是'中国世纪'时，当英国学者马丁·雅克宣称'中国即将统治世界'时，当战后建立的国际秩序的确面临着来自于'中国冲击'（沟口雄三语）的巨大压力时，'世纪批判'的紧迫性也就不言而喻了，其思想史意义和现实意义是怎么估计也不会过的。"

作者预计世纪三书将于 2026 年之前完成。三书总字数估计约二百万字。如此浩大的著述，如此重大的主题，真可谓鸿篇巨制，名山事业。

今年 5 月，博登书屋出版了世纪三书的第一部《世纪的歧路——左翼共同体批判》的上卷一和上卷二。按说，要给荣剑的世纪三书写评论，最好该是在三大部都出齐之后，但由于已经出版的第一部的上卷一和上卷二就已经很精彩，我在粗读之后就有很多感触，所以不妨先写下一篇短评。这既是向读者推荐，也是向作者致敬。

荣剑说，世纪三书对左翼共同体、革命共同体和改革共同体的批判，直接起因于对汪晖世纪叙事的批判。

近三十年来，在西方左翼思想界，影响最大的中国学者莫过于清华大学教授汪晖先生。他的著作被西方一些名校出版社竞相出版，还获得了几个重要的学术奖项。他不但被视为中国新左派的代表，而且也被视为具有批判精神的自由言说者。与此同时，那些受到更大压制的中国自由派知识分子，却在西方的学界无足轻重。汪晖的著述在西方颇受重视，但是在中国却几乎没人对之进行认真的批评。很多中国的自由主义学者都认为汪晖的思想不值得评论。荣剑不赞成这种态度。荣剑认为对汪晖的著述应该进行全面系统的学术批评。

为什么西方左翼学术界对汪晖的思想如此情有独钟？我以为原因并不复杂。我们知道，西方学界有一批左派人物，由于对所在社会不满（有句话说"文人的笔杆天然是反现状的"），出于"生活在别处"的心理，总希望能在其他社会找到自己心目中的理想国，因此容易对共产国家产生一厢情愿的幻想。共产革命一向以启蒙运动的继承者自居，以近代革命传统的继承者自居，故而很容易赢得这些左派的认同。以苏联为首的共产阵营的土崩瓦解一度把这些左派们从迷梦中惊醒。这些左派感到很失落。但没过多久，他们发现，在东方，中国崛起了，中国在共产党领导下崛起了。于是，他们发现了汪晖。汪晖的著述说明，从近代西方的角度看，20 世纪的社会主义革命在苏东乃至于西方世界固然归于失败，但因此弥漫在西方左派之间的悲观幻灭是错误而且多余的。只要转换视角，就会看到中国革命已经成功开启了社会主义革命的另一条道路，缔造了新的形势与价值系统。因此 20 世纪非但不以社会主义失败而告终，反而是“世纪的诞生”。

可以想见，这些西方学界的左派们在读到汪晖的著述时是何等的兴奋。这些西方左派对饱受压制的中国自由主义知识分子自然是没有什么兴趣的。他们一看到你们追求的无非就是他们社会的那一套，马上就把脸掉到一边去了。

在《世纪的歧路——左翼共同体批判》的上卷一和上卷二中，荣剑用了很大篇幅批判汪晖。荣剑不但从左右之争的角度批判了汪晖，而且还进一步指出，汪晖并不是真诚的左派。因为汪晖“通过一系列语言幻术将一党专政的党国体制美化为一种超政党和超国家的政治制度安排”，这不仅远离右翼一贯倡导的自由宪政理念，而且也和左翼始终坚守的政治民主立场相去甚远。因此对汪晖的批判绝不是左右之争，而是文野之争。

再说社会主义。汪晖论述了中国社会主义的现代性。我们暂且不去评论社会主义本身的是非对错，我们需要指出的是，汪晖也不是真诚的社会主义者。今日中国虽然还挂着社会主义的招牌，但实际上和社会主义相距十万八千里。

社会主义这一概念的内涵发生过许多变化。今天西方人口中的社会主义，已经和五十年前、一百年前说的社会主义很不一样，但仍然保留了若干特点，如关怀劳工权益，保护弱势群体，强调公共福利，等等。反观今日中共，中共虽是极左派出身，但是现在变得面目全非，把社会主义的特点丢得一乾二净。今天的中国共产党，最不关怀劳工权益，最不保护弱势群体，最不强调公共福利。中国社科院研究员李志宁干脆说，中国号称是世界上唯一的真正的社会主义国家，其实世界上大多数国家都是社会主义国家，唯独中国不是。中国劳工的福利本来就很低，日前习近平在阐述中国特色的社会主义时还特地强调，就是不能搞“福利主义”那一套。

面对这样的中国，汪晖的著述和西方左翼学界的热捧，简直无异于一场骗局。

荣剑这两本左翼共同体批判，其中提到的中国的左翼代表人物，除开汪晖外，还提到朱苏力、崔之元、贺桂梅、赵汀阳、黄宗智和刘小枫等。这使我想起 10 年前那份牛津共识。2013 年 9 月，英国牛津大学召开当代中国思潮学术研讨会，邀请了自由派、新左派、新儒家和基督教研究的若干位具有代表性的学者与会，会后有 28 位学者达成了一份“关于中国现状与未来的若干共识”，简称“2013 牛津共识”。荣剑提到的那几位新左派代表人物，没有一个出席了那次牛津的研讨会。

“牛津共识”全文不到 900 字，是由分别代表自由派、新左派、儒家、基督教的四位学者——秦晖、黄纪苏、陈明、何光沪共同定稿的。黄纪苏的文字我读过不少。按照传统的左派定义，我认为黄纪苏要远比汪晖、朱苏力等系列人物更名副其实。

左派共同体批判是荣剑世纪三书的第一部，另外两部是对革命共同体批判和改革共同体批判。后两部批判的主题比第一部更宏大。在革命与改革这两大主题中，尤其是改革这个主题，最值得关注与比较的应是中国与苏俄。

荣剑这两本左翼共同体批判（上卷一和上卷二）固然主要是讲左翼，但也提及革命与改革。荣剑谈到中苏两国的改革。戈尔巴乔夫的“新思维”改革和倡导“公开性”，在 1980 年代中期曾经成为中国党内外“改革派”力图借鉴的模式，即改革首先是要在政治和意识形态领域打开缺口。这和邓小平“先经济后政治”的改革模式形成了鲜明对比，苏共的改革似乎比中共的改革更为激进。戈尔巴乔夫后来解释说，中苏的不同改革路径，源于不同的国度、文化和初始条件，苏联不首先进行政治改革，经济体制改革就根本无法启动，苏联走不了“邓小平的改革之路”。他认为邓小平及其继任者的最大贡献在于“他们能够在世界上人口最多的国家保持政治和社会稳定之间的平衡，保证中国经济在高速发展的同时积极融入世界经济”。他在承认苏联改革失败的同时，高度评价了“中国的改革取得了巨大的成果，向前迈进了一大步”，认为“邓小平的改革开放政策不仅对于中国的国内形势，也对国际局势产生了巨大影响。”

荣剑写到：戈尔巴乔夫对中国改革的评价反映了世界上相当一部分中国问题研究者的看法，中国改革并未止步于苏联的解体，相反，从邓小平 1992 年“南巡讲话”起，中国开启了远比 1980 年代规模更为宏大的改革进程。由此带给人们思考的问题是：中国急剧的经济转型以及随之而来的经济高速增长是如何发生的？为什么长期受制于僵化的意识形态的中共领导人，能够在极短的时间里完成向市场经济观念的转变？

我认为，所谓苏联是先政治改革后经济改革，中国是先经济改革后政治改革，或者是，苏联是激进，中国是渐进这些说法，其实根本不得要领。导致中国与苏联改革路线分道扬镳的真正区别仅在于一点：那就是，面对着一波一波的自由民主浪潮，你到底是镇压还是不镇压，杀人还是不杀人。“六四”把中国的改革引入歧途。“六四”改变了中国，也改变了世界。

挥剑长夜笔纵横

——评荣剑《左翼共同体批判》及其它

高氏兄弟

荣剑近期连篇累牍的“汪晖批判”长文，可谓洋洋洒洒力透纸背。其站在雷蒙-阿隆式自由主义立场，以文（明）野（蛮）之争的视角立场，对汪晖以“为革命招魂”为名，实为极权主义招魂的理论及其“反现代性的现代性”论述所进行有力的批判，已然超越了以往新左派与自由派之间，自上世纪 90 年代以来至今左右之争的理论高度与视野，也远远超越了一个时期泛自由派阵营仅就“汪晖抄袭门”事件所进行的伦理道德式批判的论述。

于中国大陆本土知识界，汪晖可谓颇具理论建构水准和国际影响力者，假如自由派仅就其“抄袭门”等事件对其进行伦理道德批判，根本无法触及其理论的要害本质，更无法洞悉揭示其假以学术面目的投名状对于现行体制建构的助力性影响和作用力，以及其理论对于现实与未来潜在的危害性。从此角度说，荣剑的“汪晖批判”同时也是对其所属的自由派对汪晖理论所采取的不闻、不议、不批的鸵鸟式“右倾逃跑主义”（荣剑语）提出的具有警示性意义与作用的严厉批评。

需要指出的是，汪晖的重要文论《当代中国的思想状况与现代性问题》一文分别发表在 1994 韩国的《创作与批评》与 1997 年本土人文杂志《天涯》上。他在该文中首次提出并阐明了“毛泽东的社会主义思想是一种反资本主义现代性的现代性理论”，随即此论便成为引起整个大陆新左派共鸣的理论宣言，并成为本土新左派与自由派论争爆发升级的导火索，引发了知识界一定程度的学术震荡；继而其所谓“反现代性的现代性”这一宏大叙事理论也被人们普遍视为汪晖的首创学术“专利”。

但事实上，“反现代性的现代性”这一理论创建并非汪晖首创。被视为汪晖“专利”的这一理论概念创建出自于何人，自有其来源踪迹可查。华东师大学者吴娱玉在其《“反现代的现代性”之考辩——兼论理论在双向旅行中的结构变化》一文中对此做出了颇为详细的梳理，她指出，“这一理论（反现代性的现代性）并非植根于中国，也不是汪晖的原创，而是由西方左派理论家最先提出，影响了求学西方的中国青年学者，并经过翻译漂洋过海地影响了本土学界”。具体而言，以时间排序考察，汪晖的“反现代性的现代性”理论应直接受到精通中国近代史，尤其精于中共党史与儒学研究的美籍左翼历史学家阿里夫·德里克的影响。后者所写的《现代主义与反现代主义：毛泽东的马克思主义》一文，早于汪晖的《当代中国的思想状况与现代性问题》一年就被翻译成中文发表在 1993 年的《中国社会科学季刊》上。该文章详尽地论述了“反现代的现代主义”的理论，认为毛式马克思主义及其中国实践是一种“反现代的现代性”。而汪晖所论之“反现代性的现代性”随后一年才出笼。所以，从发表时间顺序上看，汪晖显然不是“反现代性的现代性”理论的原创者，而是受德里克影响启发，在其理论基础之上所作的引申和发展。然而，德里克仍然算不得“反现代性的现代性”理论的首创者。

据吴娱玉考证，这一理论首先是由美国左翼哲学家马歇尔·伯曼在其借用《共产党宣言》名言作为书名的《一切坚固的东西都烟消云散了：现代性经验》一书中提出来的。而后，经德里克沿着伯曼关于马克思主义现代性的分析理路和论述线索，结合毛理论及其中国实践进行了融合，并在批评质疑伯曼的“反现代性的现代性”研究囿于马克思的局限性基础上做出了推进和发展，使之延伸到了中国，客观上为汪晖的理论建构铺平了一条方便的理论之路。除此之外，几乎与汪晖同时探讨“反现代性的现代性”者还有海外华裔学者刘康、唐小兵等。只不过他们的研究角度与路径与汪晖有所不同。比如刘康是“从阿尔都塞对于毛泽东的‘症候式阅读’出发，提出了毛泽东实践实际上是寻求‘现代性的不同选择’”。而唐小兵则于 1993 年从文艺研究角度阐述了一个核心观点：延安文艺所代表的大众文艺是“一场反现代的现代先锋派文化运动”。从此角度说，汪晖只不过是作为伯曼二传手的德里克“反现代性的现代性”理论的再传手。

在此追溯“反现代性的现代性”这一理论创建的出处源头，并非意在否定汪晖对此理论的引申性研究和建构所作出的努力，而在于从价值论角度和立场厘清作为中国新左派代表人物的汪晖，与作为西方左翼知识精英的德里克与伯曼之间，提出和建构这一理论的用意与作用之异同，并对其之于现实政治的影响作用角度所产生的危害予以提示和警醒。应当说，无论是伯曼还是德里克，他们不过是借此当作其阐述一种反思批判所谓西方现代性与西方中心主义霸权，以及西方中国史研究等理论的一种思想武器——尽管借此思想武器而用之是否得当值得商榷。而汪晖对这一理论概念的引申论述和发展则完全是用来说明大陆中国极权体制现代性的独特性和优越性，为历史上已成定论的极权主义运动和渐然建构升级为我所定义的超级权的大陆现行体制背书招魂。

如此一来，原本就普遍对中国大陆体制抱有不切实际幻想的西方左翼知识分子批判话语理论经过汪晖的移花接木的应用，不仅丧失了其原有的批判性与反思性意义，反而转变为本土现行体制标榜现代性的美容术与量身定做的合法性外衣。甚至使之建构成一套所谓“世纪的诞生”的理论宣言，进而经其利用自身不断产生的国际影响力再生性的返销西方，既塑造了一个里外通吃者的“批判知识分子”与“自由言说者”的虚假光环，又误导性的以学术面目将“中国经验”“中国方案”等极权话语概念植入了本土同样持新左立场的知识分子的头脑，和业已迷惘的西方左翼知识分子的心底，营造出一种西方宪政民主文明大厦即将崩塌，大陆极权式国家主义的“中国世纪”即将莅临的宏大幻象，也从舆论效应上助长了本土超极权体制建构叙事的政治声势与气焰，并放大了西方对崛起中的大陆超极权体制的恐惧和忧虑。

而在这个问题的认识上，我本人基于常识和对历史与现实的认识，一直认为，共产政体在本质上是一种完全有别于以往历史上的传统帝王专制的现代极权政体。应当说，后者具有传统意义上的合法性与正当性。而前者则是一条完全有别于西方宪政进路性质的反宪政的现代转型进路，其政体和统治不具备现代宪政民主政体所具有的国民认授这一基本的正当性来源，因而也没有什么合法性可言。提示一点的意在强调指出极权主义并非传统君主制的延续，而是肇始于人类社会由传统而现代的转型过程中出现的一种反宪政的现代政体。因而从此角度说，确认大陆本土体制具有“反现代性的现代性”是有道理的——只不过，我之确认与汪晖、伯曼、德里克等人认识和解读如此“反现代性的现代性”的角度和立场是根本不同的：之于汪晖，意在为极权背书立论，建构一种与西方宪政民主体制相抗衡的理论叙事，以助力极权发展壮大为一种堪与美国为代表的西方宪政体系相抗衡，抑或取而代之之新的帝国霸权；之于伯曼、德里克，则是借中国之石，以攻西方之玉，针对将现代性等同于西方宪政资本主义，视现代性为西方性、普适性的认知共识予以批判修正，探求解构西方有关现代性元叙事理论构架的可能性；而之于我，则恰恰相反，意在揭示极权叙事的现代性本质，厘清其与传统帝制和具有普适性意义的西方宪政体系根本不同的本质特征，和其相互之间的差异与对抗性关系，以谋求启发探求一种理解研究与解构的方法论和一条可行的实践性路径。

放眼全球，大疫尚未过去，人类世界正处一个未曾有过的世纪暗夜，中国与世界再度面临何去何从，人类究竟应向何处去的历史十字街口。我们看到，在日益幽暗逼仄的本土公共话语空间展现出两幅判若两然的学术景观：一边是汪晖完全无视极权主义的历史罪孽所造成的无尽灾难，不遗余力的运用抽象的学术话语泡制其所谓“革命者人格与胜利的哲学”，为导致近亿万人丧生血海的极权主义始作俑者树碑立传，借尸还魂，制造“世纪诞生”的虚张幻影，为渐然式微并日益被世人唾弃的腥红历史叙事注入某种新的精神激素；并借疫情与纪念极权体制之祖列宁诞生纪念日之机，向其臆想中的卡里斯马型“现代君主”暗送秋波，以图在邀宠的同时，既把其自己打扮成左翼知识界“胜利的哲学”王，又可充当“中国世纪”的理论代言人。而另一边则是荣剑效法当年以一人之力对抗整个对共产体制抱有幻想的法国左派阵营的雷蒙·阿隆，不惜笔力著书论说过，对大陆新左灵魂人物汪晖的理论与其所代表的新左阵营予以全方位的反驳和批判；并在其《汪晖的“海德格尔时刻”》一文中将其置于本土版的“海德格尔时刻”，从历史纵深维度对其进行无情地刨析和质询。

荣剑于其《汪晖的“海德格尔时刻？》一文开篇中便开宗明义的指出：“……而这一次他（汪晖）借纪念列宁诞辰 150 周年精心推出的文章——《革命者人格与胜利的哲学》，本来在国内纪念列宁几乎悄无声息的氛围中是可以被忽略不计的，之所以引发了我的关注，是因为在我看来，这不是汪晖的一次思想怀旧之旅，而是他以纪念列宁诞辰为名，力图在中国当下‘怎么办’的彷徨时刻，为领袖提供一个关于革命者人格及其胜利的理论方案。历史上曾经有过各种劝进书或效忠信，但汪晖开创了一个新的颂圣版本，恕我直言，这个版本无异于重复了海德格尔在任弗莱堡大学校长时说过的那个话：“元首本人并只有元首本人才是当今乃至未来德国的现实以及现实的法则”。

应当说，这是一种颇具警示性意义的联想与和并置。显然，荣剑如此联想并置绝非是为了将两者的学术地位进行类比，而是出于对导致“海德格尔时刻”重现的现实背景下知识精英因其“知性的蒙蔽与德性的沉沦”而向当权者献媚苟合现象的高度警觉。因此，我们不必太在意其将一位 20 世纪西方最具影响力的思想家与一个学术地位和知识段位相差云泥之别者相提并论——重要的是荣剑以海氏、汪氏为例，对比性地描绘出一幅“知识人个体甚至集体向国家主义及其领袖史观歌功颂德的一个重要时间之窗”（荣剑语），提示出一种重现的历史图景。从此角度看，无论是海、汪二者所处的历史情境，还是他们的心态表现的确都有相似之处。因此，荣文强调指出：“汪晖关于领袖和革命者的言论可以被看作是其中的一个现象学事件”来加以分析研究和提示。窃以为，除此之外，其所包涵的重要现实性意义在于，警示当下知识人对自己的言行与理论话语负责，不要在此至暗时刻制造自己的“海德格尔时刻”，给自己提前出示一份可供未来必将而至之审判的自供状。

在此，另就荣剑“汪晖批判”系列檄文“海德格尔时刻”一文结尾处所言：“面对国际共运史尤其是 20 世纪社会主义实验的失败，作为科学共产主义创始人的马克思未必需要承担终极责任……”之表述略表异见：德国政治与历史学家、极权主义研究大师卡尔·迪特里希·布拉赫曾将 20 世纪定义为“极权主义世纪”，我深以为然。众所周知，这一极权世纪所造成的深重灾难和混乱的主要思想源头，无疑是马克思主义及其乌托邦方案。因此，作为此方案的设计者马克思理所当然的负有不可推卸的道德责任。因为从本质上说，人类世界是一种观念性的存在，人类的历史是在不断嬗变的思想观念的影响作用和塑造下发展变化的；一个时代产生什么样的思想观念，何种思想观念成为一个时代或一个国家的主导性意识形态，便会造就一个什么样的时代与国家。英国哲学家、历史学家柯林伍德在其《历史的观念》一书中提出过一个著名的论断：一切历史都是思想史。在我看来，这一论断不仅强调了思想对于现实与历史的主导性意义，同时也在另方面提示出了思想家之于现实和历史发展不可或缺的责任感及其不可推诿的历史责任。所以，假如某种思想在某个时代导致了人类灾难，探讨追究其思想的制造者的道德责任，对其思想予以辨析批判，乃至否定实属应然之理，否则，思想史研究及其历史性反思便失去了现实性意义。通俗一点讲，知识分子或思想家所生产的思想观念及其理论方案之于社会，如同医生给病人开出的药方，假如某个医生给病人开错了药理应负有责任，否则马克斯·韦伯所言之责任伦理亦无从谈起。

因此说，面对马克思给 20 世纪的人类开错了“药方”，造成了长达一个多世纪的灾难和混乱有目共睹无可辩驳的事实，如果我们无视为之开“药方”者的道德责任的话，或许我们今天同样也没有理由批判责难同是以知识与思想生产为业的本土新左盟主汪晖；阿隆以“知识分子的鸦片”为名著书批判法国左翼知识分子便显得多余；荣剑本身长篇累牍的汪晖及其左翼批判也就变成了一种修辞游戏或理论竞技，从而失去了理论之于现实的指导与实践性意义；我为之唠叨码字地赞许亦属多此一举。之所以强调指出这一点，是因时至今日，马克思的共产幽灵仍在东西方上空盘旋环绕，其思想所奠基的意识形态仍在“老大哥”的掌控中钳制着国人的身心自由，并在当今西方各种新马学说中复活，变换着新鲜的哲学话语马甲聒噪于公共话语空间，对人的思想意识和认知产生着难以估量的影响。假如不对其做出根本性的价值判断，并断然予以否定，20 世纪极权主义世纪的历史就有可能以我们难以预料的方式重现于 21 世纪；数十年来本土认同宪政民主制者与知识分子所做的一切努力或许都将是徒劳的。

更进一步说，事实上无论作为名词的“思想”之于被思想的世界，还是作为动词的“思想”之于思想者，都是在某种信念伦理驱动力作用下产生和进行的——之后经由各种渠道媒介的传播，而被转化为某种作用于现实政治、经济与文化等领域的行动力，既有的现实世界由此而被改造，或被彻底的得以改变——由此我们便会发现，思想并非纯然独立存在的形而上不及物的智力活动或游戏，而是一种蕴含行动力具有及物性的精神药引和行动催化剂。因此，其正面积极意义不必赘述，而作为激发产生思想观念的信念伦理，若无责任伦理的检验、约束和制衡，便有可能使其激发产生的思想观念对人类社会与历史产生难以估量的危害作用。指出这一点，意味着提醒思想者，在其思想之始就应当考量其思想导向与意义的现实作用力，并将此考量伴随其思想的始末，而不能仅仅基于某种向善之心，便将思想交付于激情，放纵其信念伦理；更不能以功利主义为目的，为了某种私欲而把思想理论当作换取利益地位和安全的筹码。历史中以乌托邦构想之始，至恶托邦建构而终，导致走向自我信念伦理的反面，进而制造出违反康德哲学意义上的道德律令先验法则，乃至敌视上帝律法的人间悲剧的历史教训足当令今日所有知识人都应引以为戒的。

这提醒以思想生产为业的知识分子，无论在任何时候，不仅应谨守良知底线与知识伦理，亦当在信念伦理驱使下表达观点和著述论说时，当需套上一根马克斯-韦伯编制的责任伦理的缰绳，以免生产出不管后果如何的“圣化构想”（索维尔语）来，既贻误了历史趋善之进程，又制造了万劫不复的人间灾难——而这既是百余年来马列主义的传播与实践给予今日人们留下的最深刻的历史教训和警醒，也理应是今日其精神余脉——左翼知识分子当需反省的一个重要命题——这恐怕便是马克斯韦伯之所以提示强调论述此二者关系的意义之所在。套用其“政治意味着兼用热情和判断力坚毅地钻透硬木”的句式，我们或可同样说：思想意味着兼用激情和判断力，并在责任伦理的检验制约下缓慢而坚毅地钻透硬木的劳作——因为政治不过是实施某种思想或理论观念的一种操作，而指导其操作的思想观念——意识形态价值论才是改变现实秩序，并导致幸或不幸的现实操作与历史进程的根源之所在。

也正是在此意义上，我历来反对将卡尔-马克思排除在建立在其思想基础之上的乌托邦方案所导致的长达百余年腥风血雨灾难深渊事实之外的各种理论和说法。坚持认为从马恩的乌托邦“宣言”及其资本论理论，到列宁斯大林的苏维埃专政，到毛邓的文革与改革，直至今日的仍坚持将马列主义当作其统治性意识形态根基与根本性思想宗旨与指导方针的当朝，究其根本，它们之间具有一条无法割裂的内在一致性，且其自始至终的发展完全符合其“砸烂旧世界，建立新世界”的乌/恶托邦的本质性逻辑——乃其根本思想观念与宗旨的必然轨迹和结果。

无论其今日高呼所谓的文化复兴，口称尊孔尊儒，还是表现出某种貌似传统帝制的特征，都不过是为了掩人耳目与拿来所用的手段或表象而已；而其当年以改革代文革的所谓转向，也只不过是其阶段性为度过危机延续强化其体制的手段方法论的变化，而绝非意味着其本质性的变化。之于极权，所有这些都只不过是其不同阶段、不同时期出于实用主义目的而采用的统治“术”而已——其不变的始终是其排他性的马列教义——这才是其真正尊崇并保障其统治不变之“道”。理解了这一点，便可理解了何以“改革开放”数十年，却在某一日回到了改革前——坚持将马列教义与实用主义相结合，乃其历来的方针政策与策略，也是其得以存续百年与实施统治大半个世纪的法宝。以此为基点分析，亦便会清楚何以数十年来自由启蒙派知识分子水中捞月般的改良转型之梦最终宣告彻底破灭，西方企图以经济合作绥靖政策促其政治变革幻想何以今日以失败而告终。

缘此，必须从本质上否定根除其思想根源，否则，掐头去尾不及根本的反思与批判，永远跳不出其规定性逻辑圈套之外来；也必将给未来埋下使其死灰复燃的隐患。从此角度说，任何将其后来各个环节与阶段剥离开来的企图和理论，无论主观意图如何，其客观作用都有为其根本性思想宗旨及其现实秩序脱罪之嫌。尤其是那种将其意识形态之罪之祸嫁祸传统文化与本土历史的理论说法，若非是认知误判，便属有意误导——因为这种判断既不符合历史史实，也有违基本的政治学常识和原理。

尽管我与荣剑兄对某些具体问题的看法观点并不尽然完全相同，但却在价值目标追求与诸多重大思想与社会文化问题的看法观点基本重合一致。故而高度认同和赞赏其于思想史领域所展现出的知难挺进契而不舍的孤勇挑战姿态和进取精神，以及其以此态度精神激励下所取得的杰出成就。尤其赞佩其将当年对面对以萨特为代表的左翼阵营强势舆论所制造出的“知识分子的鸦片”，而始终出污泥而不染头脑清醒特立独行的知识分子的表率——雷蒙-阿隆为同道，运用其思想资源，并像阿隆一样对同时代的颇为强大的左翼阵营及其理论予以有力地批评反击中所体现出的勇气、态度、信念和智慧——从某种角度说，其此一表现在警醒世人避免重蹈历史覆辙的同时，也使其自己与阿隆站在了同一向度与高度的思想史位置上。

总而言之，在当下语境之中，荣剑先生的批判话语如同一把黑夜挥舞的利剑，剑指之处，光闪锋寒启思法醒；其所建构的批判的思想史写作范式，可谓近年来因体制言论操控打压逼迫而造成的万马齐喑语境情势下，企图突破，并已近抵达如此语境下体制所能容纳容忍的言论空间边界的极限，颇显孤勇挑战精神的历史性写作。他不仅给日益萎缩渐然犬儒虚无化的民间公共思想交流传播领域注入了一股独特的批判性思想清流，亦因其所抵达的思想深度和其展现出的宏阔历史视野与理论高度及尖锐深刻的思想锋芒，在给以汪晖为代表的本土新左派话语系统以思想痛击的同时，也为多年来遭遇体制及其为体制背书立论的新左派两面夹击而陷入混乱与失语的自由启蒙派挽回了一种颇具理论高度的知识颜面，从而给其所属的认同和追求宪政民主普世价值的知识分子群体树立起了此一时期典范性的思想标杆；同时他亦为其自己的思想史写作开辟建立起了一条可持续深入研究递进，进而可望形成一种可供他人借以洞察历史辨析现实政治与文化之用的批判性理论路径与体系。

最后说明，本文是承蒙荣氏兄弟（荣剑、荣伟先生）鼓励，尊嘱在前年和今年两次于微信朋友圈转发荣剑《评汪晖的中国革命史观》前言与其《建构批判的思想史》两文论所写的转发按基础之上稍作补充而成。鉴于本人是艺术从业者而非专业学者，本文所言纯属有感而发之个人看法，而非专业学术论文。想必错谬在所难免，诚请方家不吝指正赐教。

在此，谨祝荣剑兄“三大批判”理论工程如期顺利完成！

博登书屋简介

博登书屋是一家由美国独立自由主义知识分子在纽约成立的综合性的出版社。出版中英文《当代中国评论》季刊；独立思想库研究报告；【当代华语世界思想者丛书】【当代华语世界人文历史丛书】【当代华语世界时政评论丛书】【当代华语世界口述历史丛书】，以及【当代华语世界思想者文库】【自由主义论丛】【西方世界著名学者中国研究丛书】。博登书屋还经营图书中、英文互译，出版【博登翻译丛书】。

博登出版社秉持言论自由的立场，在美国纽约总部出版全球华人知识分子的文章和图书；让海内外自由知识分子的思想成果，进入全球汉语和英语思想市场，以推动海内外思想交流，传播平等、自由、宪政民主的普世价值。

博登书屋出版纸质和电子书刊，使用亚马逊图书发行平台销售纸质书，使用谷歌图书（google play）电子书发行平台销售电子书。销售范围达全球数十个国家和地区。

博登书屋已出版的中文书目

- 《自由主义的重生与政治德性》　陈纯
- 《戊戌六章》　许章润
- 《宪政中国——迷途与前路》　张千帆
- 《最后的极权》　邓聿文
- 《上帝、信仰与政治秩序》　罗慰年
- 《川普时代：美国不再伟大》　子皮
- 《红潮小史》　程映虹
- 《植根大地：中国自由知识分子的自我省思》　张博树
- 《士林剪影》　文：丁东 / 图：邢小群
- 《新盛世危言》　荣剑
- 《明察政道——中美狂人乱政造难纪事》　夏明
- 《制度简史》　崔新生
- 《高新庄人》（上集、续集）　高世正
- 《神秘的慰籍——茉莉自选集》　茉莉
- 《美中社会异象透视》　洪朝辉
- 《今日美国政治：2020 美国大选纪实》　Eric Poter
- 《纵论中外》　王庆明
- 《王江松文集》（卷一至四卷）　王江松
- 《韭菜与镰刀——社会日趋两极化时代的思考》　莫莱斯
- 《光明与自由——杰弗逊论政治与政府》　翻译：赵无明
- 《艺术的话语政治》　朱其
- 《三农危机——中国改革经济学》　岩华
- 《伏尔泰：代表一个时代的名字》　肖雪慧

- 《通往四一二之路——重审第一次国共合作的起源与分裂》（1921-1927） 张博树
- 《被精神病：中国精神病乱象调查报告》 高健
- 《大地呻吟：中国基层政权运作现状的观察与思考》 野夫
- 《中国头号政治恐龙——大地主刘文彩真相》 笑蜀
- 《百年较量：美国能否击败共产主义？》 锺闻
- 《王康纪念文集》 郑义、一平、北明
- 《读麦：讲演、访谈、书信、讲演——复活麦克卢汉的大脑（四卷集）》 朱晓
- 《美式民主是否正走向衰败》 临风
- 《我的选票我做主》 廉政保
- 《人类下一站：尊严时代》 万英杰
- 《美国真相》 邓聿文
- 《真相真理迎新揭——增广热点对话录》 徐泽荣
- 《庚子十劄》 许章润
- 《〈活着〉：參與者手記——〈活着〉誕生始末》 王斌
- 《为革命招魂——评汪晖的中国革命史观》 荣剑
- 《私民与公民》 萧楚
- 《武漢封城日記：一个社区工作者的新冠疫情实录》 风中葫芦
- 《自由主义论丛》（一、二、三卷） 荣伟 张千帆 罗慰年 编
- 《黎安友论中国》 黎安友 著 / 任智 译
- 《慧眼识政——〈时政大视野〉栏目作品选》 余葛瑞 等
- 《改变中国：六四以来中国政治思潮》 张博树
- 《现代宪法的政治思想基础》 张雪忠
- 《荒诞人生》 刘有权
- 《王希哲文集》（一、二、三卷） 王希哲
- 《当代中国评论》（2021 冬季刊、2022 年春季刊）
- 《抗美援朝决策探秘》 徐泽荣
- 《胡星斗言论选集》 胡星斗
- 《魔暴美学》 黑峰
- 《岁月有痕：国务卿索要的政治犯》 吴建明
- 《钓鱼奇遇记》 渔魂王
- 《李景均：一位有风骨的华人遗传学家》 楫德
- 《荆棘王冠——维权律师回忆录》 刘路
- 《大沽河往事》 刘路
- 《赤裸人生》（上、下） 庄晓斌
- 《南街社会：一个“中国特色社会主义”村庄的全景透视》 刘倩
- 《审判寄生虫》（陈力文集·话剧卷） 陈力
- 《平庸之歌》 （陈力文集·诗歌卷） 陈力
- 《铜锣湾海啸》（中、法文版） 庄晓斌
- 《雷马克与布罗茨基》 许章润

- 《制宪权导论》　张雪忠
- 《胡杰版画集》（版画中国当代史）　胡杰
- 《童年梦》（任彦芳自传卷一）　任彦芳
- 《我的中学时代》（任彦芳自传卷二）　任彦芳
- 《朱涛诗歌读本》　朱涛
- 《奔波在夏日钓鱼的路上》（渔魂王文集二）　渔魂王
- 《上帝只有一种死法——政治神学文论集》　秦林山
- 《如何理解当今动荡的世界——大变动、大重组、大博弈》　张伦
- 《关于共产主义——马克思恩格斯说了什么》　蒋荣昌 赵良杰 周清云
- 《核威胁下的人类自由与世界和平》（中、英文版）　蒋荣昌 赵良杰 周清云
- 《薛明剑、孙冶方兄弟——中国经济学界奇异的双子星》　王晓林
- 《中华秩序：中原、世界帝国与中国力量之本质》　王飞凌
- 《孙文：民主革命无可置疑的巨人》　徐泽荣
- 《中华国土再造》　徐泽荣
- 《井冈山道路失灵：东南亚共运之衰亡》　徐泽荣
- 《淡出暴力革命论：中国放收泰共内战》　徐泽荣
- 《历史嬗变关头中国向何处去》　张艾枚 邓聿文
- 《流浪的青春——献给上山下乡插队五十周年》　叶志安
- 《世纪的歧路——左翼共同体批判》第一部　荣剑
- 《重生之门》　光目
- 《艺术审美与文化批判》　荣伟
- 《记忆雨打风吹过——一个成都家族的民国史》（上、下）　雷宣
- 《社会制度变迁的结构与动力》　谭利华
- 《现代性的反抗：东南亚的抗争运动 1898—2011》　吴强
- 《国家主义的阴影——学者、民粹与少数派》　陈纯
- 《大国战略与中美关系》　刘亚洲
- 《The One-Hundred-Year Contest》英文版　锺闻
- 《God is not Dead》英文版　秦林山
- 《国共抗战收复失地比较：跟国粉认知相反的共方抗战业绩》　徐泽荣
- 《日本"近代"转型的悖论：从德川到昭和的思想政治演变》　荣剑
- 《中国宪政民主左翼论纲》　王大卫
- 《大秦应侯》　程振中
- 《强权论——理解人类社会的唯一公敌》（上、下）　王海南
- 《宪政三论——自由、法治、民主》　张千帆

www.ingramcontent.com/pod-product-compliance
Lightning Source LLC
LaVergne TN
LVHW080553160826
845677LV00010B/1825
* 9 7 9 8 8 6 9 0 4 2 8 2 8 *